一日，有兩個妓女來，站在王面前。一個說：「我主啊，我和這婦人同住一房；她在房中的時候，我生了一個男孩。我生孩子後第三日，這婦人也生了孩子。我們是同住的，除了我們二人之外，房中再沒有別人。夜間，這婦人睡著的時候，壓死了她的孩子。她半夜起來，趁我睡著，從我旁邊把我的孩子抱去，放在她懷裏，將她的死孩子放在我懷裏。天要亮的時候，我起來要給我的孩子吃奶，不料，孩子死了；及至天亮，我細細地察看，不是我所生的孩子。」那婦人說：「不然，活孩子是我的，死孩子是你的。」這婦人說：「不然，死孩子是你的，活孩子是我的。」她們在王面前如此爭論。

王說：「這婦人說『活孩子是我的，死孩子是你的』，那婦人說『不然，死孩子是你的，活孩子是我的』」，就吩咐說：「拿刀來！」人就拿刀來。王說：「將活孩子劈成兩半，一半給那婦人，一半給這婦人。」活孩子的母親為自己的孩子心裏急痛，就說：「求我主將活孩子給那婦人吧，萬不可殺他！」那婦人說：「這孩子也不歸我，也不歸你，把他劈了吧！」王說：「將活孩子給這婦人，萬不可殺他；這婦人實在是他的母親。」

王上三16～27

實踐神學系列

易構

牧養關顧的新方法

甘東農 著
關瑞文 系列主編
譚偉光 譯

▼

實踐神學系列

易構

牧養關顧的新方法

Reframing

A New Method in Pastoral Care

作者
甘東農 Donald Capps

系列主編
關瑞文

翻譯
譚偉光

責任編輯
李慧儀

內文設計
莫可雅

封面設計
胡立強

■

出版／發行
基道出版社
香港沙田火炭坳背灣街26號富騰工業中心1011室
LOGOS PUBLISHERS
Unit 1011, Fo Tan Ind. Centre, 26 Au Pui Wan St., Shatin, Hong Kong
電話：(852) 2687-0331　傳真：(852) 2687-0281
網址：http://www.logos.com.hk

承印
陽光印刷製本廠

●

9/2005初版
Cat. No. LP226
ISBN-10: 962-457-296-8
ISBN-13: 978-962-457-296-4

Original Edition "Reframing: A New Method in Pastoral Care"
Published by Fortress Press

Printed in Hong Kong

刷次	10	9	8	7	6	5	4	3	2
年份	2016	2015	2014	2013	2012	2011	2010	2009	2008

鳴謝

我要特別感謝多倫多神學院 (Toronto School of Theology) 的威廉・羅特 (William Lord)，因為他指出我早期在耶穌比喻和牧養婚姻輔導的研究工作，可以透過在加州帕洛阿爾托精神科研究院 (Mental Research Institute in Palo Alto) 的短期治療中心 (Brief Therapy Center) 發展出來的易構理論和技術作出進一步的發展。我也多謝普林斯頓神學研究院 (Princeton Theological Seminary) 的博士候選人法蘭・羅杰斯 (Frank Rogers)，他的學院論文引發我對易構理論的胃口。此外，我也想多謝普林斯頓神學研究院一位無名的神道學碩士學生，他慷慨地同意我使用他的個案研究報告。我也特別感激堡壘出版社 (Fortress Press) 的編務總監約翰・荷勒 (John A. Hollar)，因為他給予我私人的支持以及非常專業的指導。感謝這本書的編輯提摩太・史泰維迪 (Timothy G. Staveteig)，他為這本書的文稿作出極具價值的修訂。我還要感謝堡壘出版社的副編輯雲妮・科爾 (Renee Fall) 和莎拉・咸美頓 (Sarah Turner Hamilton)，她們為我整理索引。我亦要感謝湯馬士・基利士比院長 (President Thomas W. Gillespie)、一眾行政員工、學院同事和學生們，是他們令普林斯頓神學研究院成為一處理想的工作地方。我也要多謝太太嘉倫 (Karen) 的忠誠和友誼。這本書是要紀念我的祖父和他的弟弟：前者教導我智慧的價值，後者則向我展示難得糊塗的歡愉。

這本書有關約伯記的引文取自諾曼・希布爾 (Norman C. Habel) 在其註釋書中的翻譯 (*The Book of Job*〔Philadelphia: The

Westminster Press, 1985〕）。其他的經文引述則取自修訂標準版本(RSV)。中譯本主要是採用《和合本》，若譯文未盡其意，則輔以合適之譯本。

系列主編序

關瑞文

本書之原名為*Reframing*。何解把Reframing翻譯為「易構」呢？

在心理治療的領域裏，reframing是常用之技巧。然而，在漢語文獻中，它並未有一致的中譯。比較常見之翻譯，有「重新框視」、「框視重組」、「換框法」、「重新框定」、「重新設框」等。編者認為這些翻譯都未盡如人意。這些翻譯，都以「框」來譯frame，這是不改其語脈風格之直譯，本無可厚非。事實上，reframe一語，在修辭上多少是來源於一個比喻——同一幅畫鑲上不同的畫框，會表達出不同美感意象。可是，以「框」譯frame，看來並未充分表達作者之表意企圖，也未能顯示作者談reframing時所仗賴的理論基礎。

作者在書中的前言部分，開宗明義指出，他所談的reframing，主要是根據以費殊（Richard Fisch）及韋克蘭（John Weakland）為首的帕洛阿爾托學派（Palo Alto Group）之用法。其主要參考著作，就是此學派之經典，*Change: Principles of Problem Formation and Problem Resolution*一書。[1]在*Change*一書中，reframing於概念上至少包涵兩個重要元素：一是「真實（reality）」與「意義（meaning）」之緊扣關係，二是「意義」以至「真實」之「構作性（constructedness）」以致「可變性（changeability）」。*Change*一書說：「所謂reframe，就是要改變被經驗著的事物之概念及／或情感脈絡，或轉變經驗者對此事物之觀點，同時把此事物轉放在別樣的合宜架構中，以致該事物的意義被徹底改變過來。」又說：「在精神病學的論述中，所謂真實……根本就是加於該事物上的意義及價值……很明顯，任何被認為是真實的東西，其真實性是建築在人們對『真實所下的定義』上。」*Change*一書更明說：「真理……並不是被發現的，而是被創構的。」這種對「真實」的理解，充滿著建構主義（constructivism）色彩，也是*Change*所談到的reframing之理論脈絡。

從上面引文可見，要翻譯reframing一語，有兩點是極為重要的：一，frame該是meaning frame之意，中文可譯作「意義架構」。這意義架構，本來就是我們仗以生活的世界觀之基礎，沒有了它世界只是一片空虛混沌，淵面黑暗；有了它世界變得井井有條。然而，我們卻也因這「井」而無法不坐井觀天，無法對真實有「事物本身」的了解，因為坐在不同的井底觀天，天就變得不一樣。可是，每個人都牢固地認為自己所看到的「天」是真的，卻在「意義架構」轉變後，發現原來有不一樣的天空，頓覺今是而作非。在reframing的過程裏，這種把同一事件放在不同的「意義架構」進行觀察，以致讓當事人對其遭遇產生不一樣的知、情、意、行的體會，覺今是而作非，覺作非而今是，循環不息地不斷發生。這個「意義架構」，其意思與彼得帕格（Peter Berger）所言的「成真架構（plausibility structure）」，有異曲同工之妙。二，不言而喻，從第一點可見，「意義架構」以至「真實」是可變的，而其可變性是因為「真實」本身的「構作性」。這即是說，所謂「真實」，並非如一般人所想像的是客觀自存且不為人的意志而變更；所謂「真實」，尤其是在輔導世界裏所談的「真實」，是創構過程的產物。

從上得知，frame一用語，作為名詞時有「架構」之意，作為動詞時則有「創構」之意。因此編者決定以「構」譯frame。

解決了frame的中譯了，reframing的前綴"re-"，又該作何譯呢？以「構」譯frame之常見翻譯，有「重新架構」、「重構」等。這些翻譯，都以「重新」來表達"re-"的意思，這也是不改其語脈風格之直譯，本亦無可厚非。編者卻決定以「易」譯之。「易」，是《易經》的「易」，易者變也。當作者解釋他為何會如此著迷於帕洛阿爾托學派的*Change*表述reframing時說：「我把這條進路套用在易構上，是由於我早想過轉變〔change〕這課題，並且考慮到它在牧養關顧和輔導的基礎論點中的實效性，正如我在以前所寫的論及牧養關顧的書中所引證的一樣。」由始至今，作者認為，牧養關顧和輔導的最根本關懷，就是「轉變」與「如何轉變」的議題。他之所以要著書談reframing，就是因為他認為reframing是通往「變」的陽關大道。由此觀之，所謂reframing，其核心意思就是「把當事人的『意義架構』以至其『現實』以至其『世界觀』『轉變』過來」。因此，"re-"的最貼切翻譯，該是「變」。以「變」或「改變」譯"re-"，也有先例，例如「改觀重解」及「改意解釋」等。從翻譯的觀點去考慮，編者決定要化繁為簡，及以比較有中國人文化感覺的文字去譯"re-"。在漢語詞彙中，以「易」代「變」，筆者以為是最經典亦最經濟的做法。

就是這樣，我們最後決定以「易構」來翻譯Reframing。

註釋

1　Paul Watzlawick, John Weakland, and Richard Fisch. *Change: Principles of Problem Formation and Problem Resolution*（New York; London: W. W. Norton & Company, 1974）。

目錄

導言

二十世紀五〇及六〇年代的牧養關顧和輔導運動在近年受到嚴厲的攻擊，有些批評者聲稱這個運動已瀕臨破產，指出這個運動過分強調世俗的心理治療和心理科學，卻忽略了神學元素。有些則指控這個運動帶來了個人主義和治療文化，認同當代社會價值之餘，卻只給予非常短暫的時間讓信仰羣體作懺悔，也沒有給予基督教道德和倫理原則足夠的注意力。這些批評者——「新」牧養神學的敵對者，包括翟堅（Charles Gerkin）、布朗寧（Don Browning）和保靈（James Poling）——認為他們給牧養關顧和輔導提供一個極度需要的神學的、教會的和道德的基礎。

當中某些對牧養輔導運動的批評是不公允的，甚至是誇大其詞的，它們根據一幅不大精確的圖畫，未能準確刻劃五〇及六〇年代所實際寫下及實踐出來的東西。然而，還有更多的評論是表示肯定和歡迎的。牧養神學的事業現正復興，並且承諾詳細計劃新的方向。然而，儘管出現了一些新的發展，但是對於技巧的基礎層面，卻沒有甚麼新鮮事物冒出來。

五〇及六〇年代的牧養關顧和輔導運動的其中一項最使人興奮的特色，就是提倡了一些進行實驗、估量和評價的新方法和技巧。在六○年代中期，已經有足夠的技巧讓祈連堡(Howard Clinebell)撰寫一部牧養輔導的基礎教科書，當中鋪陳了好幾種：支持式輔導、危機輔導、教育式輔導及其他。[1]祈連堡的文稿在一九八四年作出修訂，為前稿加進了一種新的神學原則的同時，卻並沒有添加任何新的方法。[2]

的而且確，很多牧養輔導的專家曾經使用過其他方法，是祈連堡那兩個版本均沒有提及的。然而，對於大多數的堂區牧者，他們曾經或依然採用的牧養關顧和輔導技巧，仍舊屬於祈連堡所描繪的那些。因此，就著這當兒在較為理論層面的討論上，我們沒有需要在基礎的方法和技巧上作出任何創新。如果在牧養神學的範疇上有任何新的風氣，不都應該發生在方法的基礎上嗎？牧者不都應該像他們在六○年代那時，察驗和提煉新的關顧和輔導技巧嗎？如果這種創新不在今天的根本基礎上實踐出來，現今所作理論分析的最終結果將會怎樣？會否證明這不過是一次學究式訓練？

這本書嘗試回應這些問題，並且為著現存技巧上附加一個堂區牧者早可採用的方法作出辯解。這絕不表示要廢除其他現存的方法，也不是任何一種方法的代替品。但是與此同時，我仍然視它為一個有意義的附加物，因為它可以在不同的牧養關顧和輔導處境，甚至在任何一個堂區中派得上用場。而且，它反映出牧養神學的一些新方向，尤其是發展以聖經作為進路基礎的牧養關顧和輔導上的努力。這個方法從近代心理治療的發展中探出頭來的同時，也與某些聖經形式、經驗和思想有很大的關連，並且相容不誖。因此，我推薦這個方法，希望為牧養神學圈子的討論帶來建樹，為牧養關顧和輔導提供更合宜的神學根基。然而，相對於理論層面，我會多一點從方法層面著手。

這種方法叫做「易構」(reframing)，在過去二十年已經在心理治療學中被廣泛採用的一種技巧。在今天眾多治療大師中，包括艾力遜(Milton Erickson)、沙維雅(Virginia Satir)、韋迪克(Carl Whitaker)和希利(Jay Haley)等都有採用過易構這種技巧。班德勒(Richard Bandler)和葛瑞德(John Grindler)更透過他們的暢銷著作，把易構介紹給普羅大眾認識。[3]在這本書中，我特別選用亙茲拉威克(Paul Watzlawick)，以及他的同僚韋克蘭(John Weakland)和費殊(Richard Fisch)的著述，主要是因為他們對易構的討論既顧及哲理上的思辯，同時也極具實踐性。他們那本名為《轉變：問題形成與疏解的種種原則》(*Change: Principles of Problem Formation and Problem Resolution*)的著作極具價值，因為它從轉變，這種以哲理為本的理論框架中去處理易構。[4]我把這條進路套用在易構上，是由於我早想過轉變這課題，並且考慮到它在牧養關顧和輔導的基礎論點中的實效性，正如我在以前所寫的論及牧養關顧的書中所引證的一樣。[5]在這本書中，我會特別強調《轉變》這本書(雖然不是惟一的強調)，作為位於帕洛阿爾托精神科研究院的短期治療中心，由費殊和韋克蘭領導的研究工作的表述。[6]

我的目的是要引起人們對易構法的注意，從而讓堂區牧者可以用得著它。那些牧養輔導專家們並不是我寫這本書的對象，他們對於易構法可能早已滾瓜爛熟。我是為著堂區牧者而寫這本書的。我所引用的都是堂會處境中俯拾皆是的典型例子，透過它們，我會説明易構可以**如何**運作，以及牧者需要**怎麼樣**的易構。處理那些個案的過程中，以及在它們的最後結果中，易構會帶來不同，而這些不同之處更往往是戲劇性的，我將一一指出。這些例子説明了易構法與堂區牧者慣常採用的其他方法是如何真正地和顯著地不同。「易構」並非舊瓶新酒，把一個早已被人接受、陳舊不堪的方法換上新名字。事實上，一些慣於採用在五○和六○年代發展出來、飽經時間考驗的方法的牧者們，認為易構實在令人感到吃驚和引起爭議。我歡迎這種回應，因為在牧養關顧和輔導的範疇中，過去實在太少爭論，尤其近年關乎其方法和技巧上。我們極需要就著那幼嫩的方法來一番熱烈的辯論。

這本書可說是我的前作《牧養輔導的聖經進路》(*Biblical Approaches to Pastoral Counseling*)[7]的續篇，當中我探索了牧養關顧的種種類型(創傷輔導、婚前輔導和婚姻輔導)與聖經的形式和文體(詩歌、箴言和比喻)之間的關係。在論及婚姻輔導的章目中，我探索了再標籤(relabeling)的輔導技巧，指出耶穌在祂的比喻中也曾用過類似的技巧。這本把重點放置在易構上的著作，延伸了我早前的討論：**易構**是一種輔導方法，**再標籤**在其中實為一種有用的技巧。我現在所主張的以比喻式方法所進行的牧養輔導，不單在婚姻輔導方面，實際上對每一種牧養關顧和輔導的處境都是合適的。耶穌透過祂的比喻來使用易構，是這本書的主要關注，這幫助我們把易構法定位在聖經基礎上，也為現今牧養關顧和輔導處境的易構提供洞見。

雖然比喻屬於這次研究的基礎，但卻不是惟一的聖經資源，我也在相當程度上引用約伯記，因為它說明了一些當前牧者在關顧和輔導處境中所採用的方法的不足之處，以及倘若採用了易構法將會在這些處境所產生的效用。引用祈連堡的文字和支持文獻，我認為約伯那三位輔導者的努力，可對照為三種由來已久的輔導方法，同時我也指出約伯那羣輔導者們的經驗反映出為甚麼在某些時刻中這些方法看似毫無用處。接著我會提出上帝怎樣有效地處理這種處境——運用易構法。因此，約伯的個案說明了在同一個人身上採用不同的方法怎樣帶出不同的效果。約伯的個案也指出了在某些情況中易構法較某些堂區牧者慣常運用的傳統方法更為有效，這些傳統方法的缺點不是基於技巧上的缺陷，而是在於它們的神學假設，這引來了一些基本問題，就是堂會處境所碰見的關顧和輔導個案中，有關傳統步驟的神學依據是否恰當的問題。

把焦點放在約伯的個案上，我發現約伯和他的輔導者之間的對話是採取詩歌體裁的形式來表達的，因而相當不同於現今輔導的結構和內容。與此同時，我們也不能假設輔導者們惟一，甚或原初的目的就是為約伯提供「牧養關顧」。相反地，聲稱以利法、比勒達和瑣法採用了一些由今天的牧養關顧文獻所建構出來的當代牧養關顧和輔導方法，這實在荒唐至極。那三位輔導者明顯地不熟悉這些方法，他們的輔導只是貌似現代牧者在類似處境中的處事方法。因此，我的意思既不是要把約伯記化約成現代的一個輔導個案，也無意以此來證明五、六〇年代的傳統輔導方法的破產。然而，我相信約伯記能夠幫助我們分辨出這些方法在神學方面的潛在弱點，因而解釋了在某些處境下為甚麼它們不起作用，容讓我們看清在需要及使用易構時的神學理據。

我並不期望所有閱讀這本書的牧者都會對易構法產生興趣，但問題是：甚麼類型的牧者才會對易構法感到興趣呢？

我認為易構法與「大智若愚者」這種教牧身分有很多相同之處。這個用語是由坎貝爾(Alastair Campbell)首先採用的，他分辨出三種教牧自我形像——牧羊人、負傷的治療者，以及大智若愚者，全都代表著作為牧養關顧者的恰當途徑。[8]但是在大智若愚者與易構法之間還有一種更為強烈的關係：

易構法是為大智若愚者度身訂造的，當易構法與其他現存的牧養關顧和輔導方法相協調時，大智若愚的形像會得到更大的接受。至於牧羊人的教牧形像，特別與那些首度出現在我們研究領域裏的方法和技巧意氣相投，因而盛極一時。到了七〇年代，引進了負傷的治療者這類型，它質疑方法與技巧，重視一種稱為「臨在」的事工。過了數十寒暑後的今天，大智若愚者與牧羊人和負傷的治療者等形像平起平坐，要找出起碼一種適合這種形像的牧養關顧和輔導方法是自然不過的事情。在這次研究中，我會選用約伯這個聖經人物來說明大智若愚者形像與易構技巧之間的緊密關係。

我想用幾句話來說明這本書的鋪排。第一章描述及說明易構的基礎方法，特別把焦點放在由亙茲拉威克、韋克蘭和費殊所建構出來的轉變理論。第二章描述一系列在易構中會採用到的輔導策略和技巧。第三章透過陳述耶穌怎樣在說比喻和醫治中採用易構，來提供易構法的聖經基礎。這三章替接續下來的兩章設定了舞台，第四和第五章涉及兩個個案陳述：第一個個案關乎一個在工作中遇上困難的女子；另一個個案的主角是個年輕人，他與父母親在關於他的職業和愛情等事情上意見分歧。這五章合組作為易構法的辯論。第六及第七章集中在約伯的個案上，前者關注到約伯那三位朋友對約伯所作出的輔導的努力，並且把他們各自的輔導進路與當代的方法掛鈎：以利法與支持式輔導法、比勒達與危機輔導法、瑣法與倫理、價值和意義輔導法。後者則集中處理上帝對約伯的回應，這說明了上帝的成功之處，部分原因是基於祂的回應是易構的一個實例。第八章以探討易構法與大智若愚者的教牧形像之間的密切關係來對這次研究作出總結。

註釋

1. Howard J. Clinebell, Jr., *Basic Types of Pastoral Counseling* (Nashville: Abingdon, 1966).
2. Howard J. Clinebell, Jr., *Basic Types of Pastoral Care and Counseling: Resources for the Ministry of Healing and Growth* (Nashville: Abingdon, 1984)。中譯本：祈連堡著，伍步鑾譯：《牧養與輔導》(香港：基督教文藝，1988)。
3. Richard Bandler and John Grinder, *Reframing: Neuro-Linguistic Programming* (Moab, Utah: Real People Press, 1979).
4. Paul Watzlawick, John Weakland, and Richard Fisch, *Change: Principles of Problem Formation and Problem Resolution* (New York: W. W. Norton, 1974)。對於短期治療基礎原則的最佳陳述，以及帕洛阿爾托中心的具體運作和成功率，可參John H. Weakland, Richard Fisch, Paul Watzlawick, and Arthur M. Bodin, "Brief Therapy: Focused Problem Resolution"，載*Family Process* 13 (1974):141~168。
5. Donald Capps, *Pastoral Care: A Thematic Approach* (Philadelphia: Westminster Press, 1979).
6. 我還引用了互茲拉威克及他的同僚的其他研究：Paul Watzlawick, *The Language of Change: Elements of Therapeutic Communication* (New York: Basic Books, 1978)；Paul Watzlawick, *The Situation is Hopeless, But Not Serious: The Pursuit of Unhappiness* (New York: W. W. Norton, 1983)；Paul Watzlawick, Janet Beavin Barelas, and Don D. Jackson, *Pragmatics of Human Communication: A Study of Interactional Patterns, Pathologies, and Paradoxes* (New York: W. W. Norton, 1967)。另外還有兩本由互茲拉威克編著的書：Paul Watzlawick and John Weakland eds., *The Interactional View* (New York: Basic Books, 1977)；及Paul Watzlawick ed., *The Invented Reality* (New York: W. W. Norton, 1984)。
7. Donald Capps, *Biblical Approaches to Pastoral Counseling* (Philadelphia: Westminster Press, 1981).
8. Alastair V. Campbell, *Rediscovering Pastoral Care* (Philadelphia: Westminster Press, 1981).

第一部分：

易構的藝術

第一章

易構的方法

有一個油漆匠站在梯子上，心不在焉地掃著牆壁。突然，他感到梯子下方搖動著，低頭一看，見到一個小女孩正站在梯子的第三級，向著他爬上來。他不禁一驚，因為他意識到小女孩的危險，只要踏錯一小步，她便會跌倒在地。他本想向她大聲喊叫，著她爬下梯子，但這會否反嚇著她，倒令她不知所措？她向後倒爬的時候會否從梯間空隙掉下去？因此，他反倒友善地與她打招呼，鼓勵她繼續往上爬。當她拾級而上的時候，他也爬下梯子，直至抓著她為止，他手抱著她，安全地落回地面。

這是一個易構的例子。油漆匠的本能反應是要喝令小女孩走下梯子。但是他隨即想到她試圖倒爬梯子(特別是這樣做會違反她本想往上爬的意願)所可能造成的後果時，他認為讓她繼續往上爬會比較安全一點。因此，他**易構**處境，違抗了他的本能反應。驟眼看來，鼓勵小女孩繼續往上爬似乎毫無道理，然而，經過反省後，這倒卻是一個比較聰明的選擇。

這類易構的事情比比皆是，我們所有人在日常生活中不知做過千萬次，但是我們從不稱之為易構。我們用過其他詞彙——直觀、直覺、靈光一閃，或是其他；我們也未曾系統地用上它們，只是偶然地、個別地，在某些毫無準備的時刻用上一把。

現代輔導理論把易構發展成一種故意和具自我意識的方法。輔導者事前並不知道易構將會以怎樣的本質展現——這要視乎受助者說些甚麼——但是卻知道終歸會用得著它。輔導者或許知道何時嘗試採用易構法，並且怎樣以此來與受助者溝通。有些輔導者慣常計劃和行使易構法，然而也有些輔導者要視乎臨場處境才作決定。然而，在輔導場景中的易構和我們生活中的即興聯想之間的分別，在於前者是故意的，並且附帶著特定和可以描述的後果。

現代的輔導者可以怎樣明白易構呢？班德勒（Richard Bandler）和葛瑞德（John Grinder）在他們的著作《易構》（*Reframing*）中，把易構連繫著下述一個古老的中國道家故事：

從前有一個農夫，居住在一條窮村莊裏。村民們認為他的日子過得還不錯，因為他擁有一匹可以用來耕田和運貨的馬。一天，他的馬走失了，鄰居們都嘟囔著他的不幸，但是農夫只是簡單地回應說：「或許吧。」

過了幾天，那隻馬回來了，並且還領了兩匹野馬回來。鄰居們都在為他的好運氣而歡呼，但是農夫仍只是簡單地回應了一句：「或許吧。」

第二天，農夫的兒子嘗試騎在一匹野馬上，那匹馬卻把他摔在地上，弄跛了兒子的一隻腳。鄰居們全都對他的惡運深表同情。但是農夫再次回應說：「或許吧。」

到了第二個星期，有軍官來到這條村莊徵召年輕男子入伍。由於跛腳的關係，那些軍官並沒有徵召農夫的兒子。當鄰居們告訴他如何夠運時，他還是回答說：「或許吧。」

班德勒和葛瑞德用這個故事來指出，任何事件為我們帶來甚麼意義，端視乎我們用甚麼**框架**去理解它。當我們改變框架，也隨即改變了意義。擁有兩匹野馬無疑是一件好事，直至兒子摔跛了腳。在一個和平的鄉村生活中，跛腳似乎是糟糕透了，但是換上了徵兵打仗的場景，跛腳忽然變成好事一樁。「這就是所謂的易構：改變了觀察事情的框架，從而改變了意義。當意義改變了，人的回應和行為也會作出改變。」[1]

正如這個故事所描述的，易構並不是甚麼新鮮事物。班德勒和葛瑞德提到「許多寓言和童話故事都包括一些行為或事件，當圍繞它們的框架改變了，它們的意義也隨即改變。」[2]那隻怪模怪樣的小雛活像醜小鴨，但最終卻變成了天鵝，相對於那羣當初令小雛顧影自憐的鴨子漂亮得多。笑話也包含易構成分。佛洛伊德講述其中一個「澡堂笑話」，這則笑話以洗澡來聯繫猶太人彼此間的猜忌：兩個猶太人在澡堂附近相遇，其中一個問：「你洗過澡了嗎？」(Have you taken a bath?)「甚麼？」另一個回答：「有人不見了嗎？」這則小笑話能夠包含易構成分，是由於「洗過」(taken) 這個字有兩個相當不同的意思。在發問者的本意框架裏，這不過是指洗澡這回事；但是在回答者的框架裏，這卻指充公或偷竊。[3]

這種由來已久的易構技巧在今天的治療中被廣泛使用：「當一個治療師嘗試讓當事人『以另一種角度去思考事情』或『發現一種新觀點』或『把其他因素帶入考慮之中』，這些都是對事件作出易構的嘗試，目的是要令當事人對事件作出不一樣的回應。」[4]跟隨 (following) 是治療性易構的一個典型例子。一個治療師正在接手一樁家庭案件，那父親說：「在這個家庭中從沒有人關心和支持我，一直以來我都是單打獨鬥，沒有一個人掛念著我或對我表示丁點關懷，我一生人都是如此。」對於這些抱怨，治療師回應說：「感謝上帝！」當然了，那個父親期待著一些支持的說話，例如「噢，那實在太令人沮喪了，或許我們能夠在你的家庭中作出甚麼改變。」諸如此類。相反，治療師迫使那個男人以一種新的亮光來注視他的投訴：那個父親把生活整理得多麼井井有條，以致沒有一個家人覺得有需要去關懷他——這是一個相當正面的成就。[5]

在這一章中，我展示了由亙茲拉威克、韋克蘭和費殊在《轉變：問題形成與疏解的種種原則》中所建構的易構方法。[6]這本書有特殊的價值，因為它提供了作為易構法底部支撐的轉變理論一個系統化的陳述，幫助我們明白易構所本有的目標，與其他本著達到不同形式的轉變為目標的牧養關懷和輔導方法有甚麼相異之處。

在《轉變》一書中所提出的輔導理論，由加州帕洛阿爾托精神科研究院的短期治療中心繼續發展。這個中心所設計出來的各類技術，主要是針對簡單短期性的問題處理或問題解答式輔導。它們原本被認為在長期輔導的處境中——需要強調複雜人際關係動力的澄清，以及對無意識動機的揭示——非常有用，但是最終竟發現毫不奏效。然而，那些研究人員漸漸地相信他們的方法本來就比用作長期輔導的方法為優，這個信念部分建基於他們輔導的成功：他們的成功率起碼與長期治療所匯報的一樣高。然而，這種情況也有一個哲學上的基本原理可以解釋，長期輔導是基於一種人類理性的錯誤假設，中心的輔導進路就是設計來克服這種假設：**更多相同**(more of the same)必然較**少點相同**(less of the same)為優的假設。帕洛阿爾托學派就是要挑戰這種常理信念。

一階（first-order）與二階（second-order）轉變

瓦茲拉威克、韋克蘭和費殊提出兩類轉變：一階轉變發生在某個系統內，而這個系統本身卻維持不變；二階轉變則會對系統本身作出改變。為了描繪兩者間的不同，他們引用了一個個案，當中涉及一個經常發惡夢的人。這個人能夠**在夢中**做出許多事情——跑步、躲藏、打架、跳下懸崖——但是無論其行為作出過多少次轉變，都無法終止惡夢。這是一階改變。二階改變包括從發夢到清醒的轉移。清醒不是發夢的一部分，而是轉變到一個全然不同的狀態。二階改變是一種**轉變的轉變**，當中出現的不止於從停滯到轉變的轉移，而是在轉變本身一種更為根本的改造。在一階改變中，愈多的改變只會造成愈多的相同。在二階改變中，每件事情都不同，因為系統本身已經不再一樣。[7]

在日常生活中，很多時候我們所需求的不過是一階改變。當室溫下降至一個令我們感到不舒服的程度時，我們可以調較空調系統，直至再次感到舒服為止。**更多相同**最終總會達到我們想要的效果。但是在其他生活的情況中，一階改變卻無濟於事。在這些個案中，嘗試作出一些補償努力或許還會製造問題，令事情變得更糟糕。在美國嚴禁銷售酒精飲品的經驗中可以說明這一點。當局最初只是設置了一些必需限制，但是當這些措施無法舒解問題時，**更多相同**的方法便派上用場——透過法例去禁止銷售酒精飲品，企圖以此去解決問題。然而，禁酒法例最終帶來了較原先想要解決的問題更為惡劣的後果：酗酒情況浮現了，祕密進行的釀酒工業開始出現了，劣質的製成品更使飲酒變成公眾健康問題，需要額外的警力去捉拿私酒商，而且在過程中的貪污情況變得無法無天，諸如此類。[8]

引介事情的相反狀態是用作舒緩或解決問題的常用方法，這是一種合理的解決辦法。假如一個朋友感到很沮喪，我們會嘗試逗他開心。如果我們的配偶不善於溝通，或許經常收藏自己，我們會嘗試令他「開放」一點。但是這些解決辦法卻很少會奏效。事實上，它們反倒把原有問題惡化，並且最終會發展成為另一個獨立的問題。試圖讓丈夫開放一點的努力，會令他更加保護自己、收藏自己，甚至到達一個地步，他不願意接觸一些無傷大雅或毫不相干的事情，「只告訴她，她毋須知道每件事情。」這種行為只會使她憂上加憂：「如果連這些小事他都不願意告訴我，他一**定**是出了甚麼毛病了。」他給她提供愈少資料，她便愈發堅持要尋根究柢；她愈是追問，他給予的資料便愈少。漸漸地，這種互動的模式最終成為問題本身。因此，以引介相反狀態來作為處理已知問題的努力只會帶來一階改變，愈多東西改變，只會令愈多東西維持現狀。這裏所需要的是二階改變——一種改造互動系統本身的行動。

困難的錯誤處理

從一階轉變和二階轉變兩者間的基本劃分中，互茲拉威克與他的共事者得出一個結論，就是**困難**（difficulties）與**問題**（problems）的不同。**困難**是人類存在的一個事實。有些困難是可以化小或消除的，但有些卻無法逃避，我們需要接受它們作為我們存在的代價。苦難、惡事和死亡都是困難。疾病、壓迫和貧窮卻屬於問題。**問題**是一些由人透過對困難的錯誤處理而造成或持續的處境。基本上，這種錯誤處理會在下列三種情況中出現：

1 一個困難出現了，它要求某種對策行動，但最終卻甚麼也沒幹。這種錯誤處理稱為**簡化**(simplification)。有兩種簡化的模式，第一種否認困難的存在，這種情況經常伴隨著對那些持相反意見的人，以及那些認為有需要作點甚麼的人的攻擊。第二種以為困難不過是小事一樁，堅持只用某個簡捷方案便能化解困難。類似的錯誤處理不但無法化小或消除困難，反而會帶來反效果，造成問題。

2 用盡一切可行的辦法嘗試處理某個困難而作出轉變，然而這個困難卻是無法逆轉的或壓根兒不存在，這便是在不應該作出行動的地方作出了行動，這種錯誤處理稱為**烏托邦主義**(utopianism)。同樣地，它也有兩種可能的模式。第一種是內攝的烏托邦主義(introjective utopianism)，當中我們對無法達成某個目標而對自己的無能有一種深沉而傷痛的感受，事實上，這些目標通常是無法企及的(例如完美幸福)。「訂立這種目標的行為製造了一個處境，人們通常不會譴責那個叫人無法企及的目標的烏托邦特性，反而會埋怨自己的愚笨：我理應活得富裕和好過一點，但我卻是如此平凡和悶蛋；我本該熱情一點，但卻無法把熱情火焰燃點起來。」[9]這種烏托邦主義的病徵是沮喪、畏縮、收藏自己、有自殺念頭、離婚、隔離，和虛無的世界觀。

第二種是外投式烏托邦主義(projective utopianism)。它的基本元素「是一種道德和正直的立場，這種立場是由發現真理的信念所承托，以及由相信最終會改變世界的宣教責任所支持」。[10]在這種觀點底下，人們不會把無法達至原訂目標的責任歸咎在自己身上，而是把問題歸因於那些與我們持不同意見的人。這種烏托邦主義的病徵是自義、狂想，以及對原創性的幻象。我們自以為對一些實際上是無法疏解的困難擁有治癒良方的信念，只會叫我們理直氣壯地以敵對和粗野的態度對待他人；當其他人指控我們，又或對我們的解決辦法掉以輕心的時候，會弄得我們狂妄自大；這也會使我們興起一個錯誤念頭，以為這個解決辦法是那麼新穎，以致在過往根本從未被人嘗試過(和失敗過)。

這兩種烏托邦主義在一個重要的著眼點上有其相似之處：它們共有一個前提，就是以為它們所知道的，較我們所認識的現實更為真實無偽。因此，我們可以達至完美幸福的境界，或是能夠解決那些根本無法解決的困難，並非不設實際的空中樓閣，而是可望成真的目標。

重點不在於我們不應該訂立目標，為此努力和實踐。筆者想要挑戰的，是一些高不可攀的目標的設訂，或是去改變那些無論如何都無法改變的困難的設想。高不可攀的目標無法化小或消除困難，反而會帶來一些前所未見的問題。無法達至完美幸福的失敗會引來無能感，倘若我們從不追求這種不可能實現的目標，無能感是不會出現的。此外，訂立一些要求一班不太可能隨我們心意而行的人作出行動配合的目標，只會造成彼此間無謂又無建設性的憎惡局面。

3 在一個只能夠在二階層面作出轉變的困難上採用了一階轉變，或是當一階轉變較為合適的時候採用了二階轉變。行動放置在不正確的層面上，這種錯誤處理稱為**內在弔詭**(paradox)。某些被採用的解決辦法本質上是弔詭的，無法製造二階轉變，它們把人局限在一階轉變中。當這些被採用的解決辦法的弔詭性質顯露其本身為一個弔詭時，另一個弔詭便會被引介進來，幫助祈望出現的二階轉變發生。在這個例子中，第二個弔詭帶有實際或治療效果。因此，未被認定或未被知曉的弔詭通常只會在一階轉變中發生果效，而有意識地使用弔詭則會在二階轉變中派上用場。

一個母親試圖改變她八歲兒子的行為，因為他不喜歡做家課。她告訴治療師：「我想安迪學會做點甚麼，我想他做點甚麼——但我想的是**他**想做點甚麼……我想的是他想做點甚麼，但我明白有些事情我們需要**教曉**他。」[11]就是這樣，母親把自己和兒子陷在矛盾裏。她想他想做點甚麼，即是說，她想兒子做事情不是由於她想他去做。這是一個進退維谷的經典弔詭。她愈嘗試**教曉**兒子**想**做點甚麼事情，他愈不覺得這些事情是他**想**去做的。他愈是去做，便愈覺得是由於**她**想他去做。那期待的轉變——從她想的行動變為他想的行動——沒有出現，母子倆困在一階轉變的死胡同裏，轉變得愈多，事情顯得愈僵。

還有其他關於弔詭溝通的例子：「我希望你能主使我」、「不要那麼聽話」、「自發一點」、「你應該學像其他父親一樣，喜歡和孩子玩耍」、「你知道你可以自由離開，請不要在意我會否因此而哭泣」、「今晚不要獨自在家裏想念著我，到外邊去尋尋開心吧」。[12]在一節關於一對婚姻不大如意的夫婦和他們到了上大學年齡的兒子的輔導時間中，母親帶著慈愛和欣賞的眼光看著兒子，說：「畢竟，這件事情很簡單，我們所想望的只是喬治能夠有一段像我們一樣美滿的婚姻。」[13]有個丈夫指摘她那堅持不肯聘請家傭的妻子，為此他辯說：「我只想她能夠騰出多點空餘時間做點她想做的事情。」

一大堆嘗試解決困難的方法都是弔詭的，因而使人處於無法疏解的兩難、束縛、死路和僵局之中。無論往哪個方向都是死路一條。它們能夠帶來一階轉變，但是只會令人更加困惑和絕望。那個本不會自發做功課的兒子現在改變了，但是母親卻知道他根本不想去做，他做功課只是由於她強制他去做。或者我們可以從另一個角度來考慮，兒子拒絕做功課不只基於最初的原因(不想去做)，同時也由於他現在非常清楚母親想他去做功課的心意。無論哪一種說法，當初關乎未完成功課的**困難**，最終卻變成母子間人際關係彼此衝突的**問題**。

然而，當我們有意識地使用弔詭時，它卻可以帶來二階轉變。亙茲拉威克的研究隊伍在他們的二階轉變理論中發展了這一點，介紹了易構的觀念和方法。

透過易構達至二階轉變

易構就是去「改變一個活生生的處境在概念上和／或情感上的設定或視角，並且把它放置在另一個框架中，這個框架同樣如實地，甚至更加恰當地符合同一個具體處境的『事實』，繼而改變了它的整體意義」。[14]

十九世紀的巴黎發生了多次暴動，在其中一次暴動中，一名軍方支隊的指揮官接獲命令，要向在城市廣場集結的暴徒開火清場。他指揮士兵就位，鎗口對準羣眾。在一片死寂中，他拔出佩劍，提高嗓門大喊：「各位親愛的先生女士，我奉命到這裏向暴徒開火，但同時我也看到在我面前站著一大羣誠實的、叫人尊敬的市民，我懇求他們離開，好讓我能夠準確無誤地射擊那些暴徒。」不消數分鐘，廣場空空如也。到底在這裏發生了甚麼事？透過易構，成就了二階轉變：

> 那位長官面對著一班帶來威脅的羣眾，根據典型的一階方式，他得著指引，用更多相同的模式以暴易暴。由於他的一方擁有武器，而羣眾卻手無寸鐵，毫無疑問地，「更多相同」將會勝利。然而，從宏觀

> 的角度來看，這種轉變根本不算是轉變，反而會進一步激化現有的混亂局面。長官對此進行干預，帶來了二階轉變——他給處境帶出了一種新局面，挪開了直到那刻為止他及羣眾所抱持的思想框架，以一種每個涉及當中的人都能同意的方式進行易構，靠著這種易構，能夠安全地移走了原有的威脅和那被受威脅的解決辦法。[15]

這裏產生的二階轉變有四個可以被辨認出來的特徵：

1 二階轉變適用於那些從一階轉變的觀察角度擬訂出來，看似作為困難的解決辦法。從二階轉變的觀察角度來看，這個**解決辦法**正是問題本身的重點。與其認為解決辦法是名副其實，倒不如採用二階轉變，說不定會帶來甚麼意想不到的效果。

2 一階轉變經常表現得合乎常理：「如果我們向暴徒展示一下超凡的實力，他們便會醒悟到以卵擊石的愚昧。」但是二階轉變卻經常給人一種稀奇古怪、**毫無**常識、此路不通和不切實際的印象。然而，我們拒絕一些顯而易見的解決辦法，並且聲稱這只會使困難惡化；我們採用弔詭，把問題解決的進路由一階轉變轉移至二階轉變。不同於在一階轉變中的弔詭元素，它們很多時是未經思考的或不被察覺的，隱藏在常理的外貌底下；相反，這裏提及的弔詭是自知的和故意的。

3 提議採取二階轉變的技巧來作為解決辦法，就是要在此時此地處理困難的意思。這些技巧所要處理的是後果，而不是去假設原因，其決定性議題是**甚麼**而不是**為甚麼**。這種進路可能看來相當表面，因為它並沒有就困難背後的原誘作出探究，事實卻不是這樣：「人生問題的解決辦法就是把問題徹底幹掉。」[16]有甚麼比這句說話更發人深省？有些人的確情願把焦點放置在問題的為甚麼上，我們也毋須全盤否定這種進路，然而，它卻很多時對問題處理造成不必要及毫無助益的延誤。因此，要達到二階轉變的目的，不是由對現況何以會這樣的原因尋根究柢而獲得，而是找出一種方法，可以一勞永逸地克服現在的困境，以及消除問題本身而達至。

4 使用二階轉變，可以把處境提離那些由於重複試用解決辦法而引起的弔詭陷阱，並且把焦點放置在另一個框架中。由不欲得到的一階轉變轉移至渴望得到的二階轉變，其重點在於處境的**易構**。

易構挑戰一種常見的假設：現時採取的解決辦法**的確**是個解決辦法。或者說，只要我們處理得好一點，這**將會是**個解決辦法。受輔導者經常渴望輔導者能夠協助他們就那些他們認為「明顯不過」的解決辦法實踐得好一點。但是易構卻質疑那些認定的解決辦法是否合宜的想法。治療師通常不用解釋它們的缺點，而是提議另一條進路，這條進路基於一個曾被嘗試的解決辦法的弔詭逆轉，受輔導者通常對此顯得茫無頭緒。然而，即使受輔導者口頭上反對這個選擇，其實它已經開始改變受輔導者對處境的看法。

要解釋易構方法的治療性用法，互茲拉威克與他的同僚提及一對年輕夫婦的故事。謝利和素兒要求作婚姻輔導，因為素兒實在無法容忍謝利過分倚賴父母的行為。謝利同意素兒對處境的評估，但他卻認為這是一個死結，無法解開。在他的一生中，父母的照顧可謂無微不至，任何可見形式的支持，他們都一應俱全；要拒絕他們恆久、不望回報的幫助將會對他們造成災難性的傷害，因為他們一直以為作個好父親或母親，就必須恆久施予。他的父母親為他們選擇新居，支付首期供款，供應大部分名貴家具，庭園至室內裝潢的任何決定都由他們一手包辦。他們每年來訪四次，每次逗留三星期，期間掌控家居一切。謝利的母親預備所有餐膳、購買糧食雜貨、清洗屋內的所有東西，並且重新擺放家具；他的父親則清潔及服侍那兩部汽車、耙掃枯葉、剷平草地、修剪盤栽，以及清除雜草等等。當他們到外面去吃晚飯或欣賞表演時，都一律由父親結帳。

謝利和素兒嘗試過不同方法，他們企圖建立最起碼的自主，但即使是最溫和的努力也會被解釋為忘恩的標誌，這不單引起謝利深層的罪疚感，也引起素兒那無法壓抑的怒意。謝利的母親和素兒懇求超級市場的售貨員收納她們各自遞出的金錢，謝利和他的父親以言詞爭逐那張剛由侍應生給他們遞過來的帳單，這一切試圖只會令他們在公眾場合醜態百出。為求緩和他們的虧欠感，謝利和素兒曾經在每次父母探訪之後都給他們送上一份貴重禮物，但是到頭來卻收到一份更加貴重的回禮。他們愈努力爭取獨立，他們的父母便愈發「幫助」他們，他們四人正陷在典型的**更多相同**（more of the same）的困局裏，那些沿用的解決辦法只會惡化謝利和素兒的問題。

從提供的資料看來，輔導者清楚知道要就這件事情作出任何成功的干預，都必須從父母親能夠明白的場景中著手，換句話說，就是要認定作好父親或好母親的優先重要性。由於父母親每季來訪一次的日子快到，輔導員給予謝利和素兒這樣的指示：在父母親來訪前數天停止清潔房屋、容許髒衣物堆積、停止清洗汽車及不要替油缸添汽油、不要理會花圃庭園，以及吃盡一切在廚房中可吃的東西。他們不再試圖阻止父母親支付糧食雜貨、汽油及娛樂消遣，只是翹著雙手，留待他們去作。素兒把髒碗筷留在廚房裏，期待謝利母親去清洗。當父親在花園或車房裏工作的時候，謝利卻在看書或電視，不時地探頭到門外，審視一下父親的進度，愉快地問：「嗨，父親，進展怎樣？」他與素兒並沒有作出任何嘗試，要令父母親知道他們有自立的權利。他們接納一切為他們完成的事情都是理所當然，只是循例向父母親説聲多謝。

戲劇性的結局出現了。謝利的父母親縮短了他們的探訪期，在離開前，父親把謝利叫到一旁，説他和素兒實在過於放縱，他們太習慣等待別人扶助，是時候要學像成年人般過活了。謝利的父母親矢志作對「好父母」的決心並沒有因此受到打擊或否定，但這裏清楚顯示出好教養不再等同對謝利和素兒的溺愛，而是致力促使他們的兒子和媳婦學曉獨立這門功課，這樣的教養工作同樣叫他們滿足不已。

在這個個案中，輔導者採取的治療性介入是一種另類解決辦法的提議，這提議帶來處境的易構，這易構是刻意援用弔詭的。謝利和素兒想從倚賴和順服的關係中釋放出來的方法不是繼續抗爭，而是邀請和鼓勵。因為這個選擇如此弔詭，即使在關係本身未有任何改變之前，概念上或情緒上的易構已經出現了。當然，我們不能低估客觀處境隨之而來的改變，倘若謝利的父母親並非如此反應，謝利和素兒很可能會回復先前對困難的評估：他們有「婚姻問題」。然而，真正的易構在條件本身出現改變之前已經發生了，就在輔導者扭轉他們一直沿用的解決辦法那刻開始，以一種弔詭的形式，創造了一個相當不同的局面去處理困難。

謝利和素兒來尋求輔導，是因為素兒無法再忍受謝利對父母親過分倚賴的行為，治療師的提議並非直接處理他們的問題：「我的丈夫會改變嗎？」和「你能否令他改變？」相反地，他易構了事件，把焦點放置在謝利父母親那渴望成為「好父親、好母親」的真誠意願上。這是困難的重新聚焦，不去處理那些**為甚麼**的問題——「為甚麼他會如此倚賴？」和「為甚麼他不可以擺脫這種倚賴感？」——「甚麼」取代了「為甚麼」的位置。

《轉變》一書的作者們引述了其他關於易構的治療性用法的例子。一個擔心在公開場合發言時會被聽眾留意到他是何等恐懼和憂慮的男人，被教導在演講的開頭便告知聽眾他是多麼的害怕。一個擔心因為犯錯會引致給老闆開除的牙醫助護，被教導每天故意犯下一兩個微不足道，甚或帶點愚蠢的過失。一個滿有鴻圖理想的年輕人，沒有得到降低志願的「幫助」，而是被輕輕批評把目光訂得「太短淺」和「志氣不足」。一個年輕兒子過了協議鐘數還沒歸家，他的父母親被教導放棄一貫的解決辦法（例如懲罰性的制裁），轉而鎖門、關燈，在他回家之前就寢。當他叩門時，他們才慢條斯理地走到大門前，無知地問句「誰在那裏？」他們抱歉讓他在寒夜裏等候，繼而蹣跚地回房睡覺，至於他去了哪兒和為甚麼這麼晚等問題，一句也沒問。這些另類的解決辦法基於一個弔詭，就是按著一些先前業已嘗試，並且由常理所支配的解決辦法的精確對立面來行事。

轉變的四重步驟

從透過易構達至的二階轉變的討論中，亙茲拉威克的團隊建議了一個著手處理困難或問題的簡單四部曲：

1. 用具體的措辭給困難或問題下定義。
2. 調查一直沿用的解決辦法。
3. 清楚地解釋想要達至的實際轉變。
4. 制定及執行一個帶來這種轉變的計劃。

步驟1：在第一個步驟中，能夠判別哪些困難是有解決辦法的，以及哪些困難是無論如何都解決不了的，這一點相當重要。由互茲拉威克和他的夥伴所發展出來的問題解決方法，並不適用於一些無法醫治，或還沒有已知救濟品的困難，就如因為至愛者離世所引發的困難一樣。然而，我們可以這樣重新定義這些無法疏解的困難：「我怎樣能夠學習與它共同渡日？」因此，這樣定義一個困難或問題的目標是要確保它有一個或多個可能的解決辦法。

步驟2：調查一直沿用的解決辦法是相當關鍵的，因為制定及執行一個帶來轉變的計劃將會涉及對先前採用的解決辦法的逆轉運用。「小心地探索一直沿用的解決辦法，不單說明了哪類轉變**不**可再用，並且說明了是甚麼令應當得到轉變的處境紋風不動，從而我們知道該在哪兒著手作出轉變。」[17]

步驟3：清楚地解釋想要達至的轉變是避免選上錯誤解決辦法，把困難惡化而不是解決困難的預防措施。作者們警告：認為現存的困難太複雜和根深柢固，以致只有採用複雜和多方面的步驟才能保證帶來轉變，這樣的想法只會帶來無效的易構。受輔導者或許會促成這種複雜意識，透過選用一些看起來蠻有意思卻實質無甚用處的詞句來陳述所渴望得到的轉變：馬克希望開心一點或與妻子有好一點的溝通；米妮希望從生活中獲得多一點東西；安妮希望不用憂慮那麼多。

我們需要同意一個特定和具體的轉變，儘管其他轉變或會包含同等價值。一個可以達成的轉變，能夠打破那些因著無法帶來期望結果的解決辦法所造成的困局。

步驟4：擬訂計劃需要符合特定個案才會帶來期待的轉變。每個處境都是獨特的，因此每個計劃都必須是獨特的。易構計劃不可能大量生產，它們通常需求想像力、幽默感和認同，輔導者可能對受輔導者表現得有點愚蠢，甚或帶點魯莽輕率，因為弔詭在問題疏解方面與問題建構一樣扮演著重要的角色。另一方面，雖然在擬訂計劃時經常需要想像力和幽默感，但是卻不等於輔導者有權提出一些即興意念。涉及的想像力是要被控制和監管的，計劃針對處境本身，除了考慮到先前用以解決困難的嘗試方法外，也要顧全所有相關的事實。

《轉變》一書的作者們提及他們輔導的失敗，不是由於設立一個不設實際或不恰當的轉變目標，就是當鼓動受輔導者實踐所提議的計劃時所遇上的困難。有些受輔導者「忘記」按著計劃去做，或是認為那些計劃既愚蠢又無用，乾脆拒絕。自暴自棄令受輔導者缺乏動力履行所提議的計劃。受輔導者需要相信一個看起來愚蠢不堪的計劃實際上內藏玄機，當他們明白這點，通常會跟隨輔導者的提議。在大多數個案中，輔導者不會期望受輔導者照足計劃實踐，反而希望和鼓勵他們偶然即席發揮。然而，轉變計劃本質的即興作為卻不被鼓勵，因為這等於破壞治療過程本身。

結論

當我們著眼於短期治療中心對易構的進路時，我們關注到一種強調**易構計劃**的治療方法，並不是所有採用易構法的心理治療師都會堅持易構計劃的建構適用於任何場合，我們不應該假設所有用上易構的牧養關懷和輔導的處境中都需要一個正式的計劃。一方面，易構可以偶然地選上；另一方面，牧者經常發現設計一個類似從短期治療中心團隊發展出來的易構計劃會更為適切。毫無疑問，牧者並不習慣在他們的輔導工作中那麼指導性，這種情況的出現，部分歸因於即使今天仍然存在於大部分關顧及輔導中的以案主為中心或「非指導性」的特性，這給予了受輔導者太多的主導權。當我深深感謝以案主為中心的進路時，我也同樣認為牧者應該在他們的關顧和輔導工作中多抓緊一些主導權，而易構法對這種主導權的重獲提供了支援。[18]

當然，不少過分熱心或不負責任的牧者或會濫用易構法，就著這樣的危險，班德勒和葛瑞德提出了以下的警告，我們需要嚴肅看待：

> 易構的成功絕不是必然的，全因它黏附著一個特定個人需要的切合條件。它不是一個帶有欺騙成分的謀略，而是針對處境本身。最佳的易構就**彷如**現今人們以看世界的方法來看待事物一樣。易構不一定處處有根有據，但卻絕不可脫離事實。[19]

因此，如果一個父親埋怨女兒還沒出嫁是因為她「過分頑固」的緣故，知道了一些她還沒出嫁的原因後，輔導者可以評說：「你不會因為女兒能夠對一些心懷不軌的男人說『不』而感到自豪嗎？」這看待處境的「易構」是一個完全合理的方法。雖然只是一個簡單的提議，它卻可以幫助父親從另一角度看待女兒，讓他能夠因她而感到自豪，沒有了輔導者提供的觀點轉移，他不可能出現這種看事情的角度。[20]不論是一句簡單的評語，或是一個較為周詳的計劃，易構都必須有所根據地看待處境，考慮到一切已知的事實。

易構必須適切於特定個人，對這個父親說：「你應當喜歡女兒的堅執，因為這表示她是一個不受社會束縛的女性」，這可能不會對他有任何幫助，我們必須找尋一組適切於特定個人世界模式的觀念。[21]如果受輔導者拒絕某個易構方案提議，這種行為並不表示他抗拒從另一個角度看待處境，這可能表明輔導者尚未找出一個對這個人有效的另類觀點罷了。

簡單而言，易構不是一門科學而是一門藝術，並且是一門叫人心存盼望的藝術。它建基於一種信念，就是人能夠打破一些有限的先入為主觀念，從而邁向人類廣闊的潛在理解力。蘭克頓夫婦(Stephen and Carol Lankton)觀察到易構能使病人的思想架構由消極轉化為積極，他們進而指出易構能達至下述更多的目標：

1. 它能識別出動機、需要、渴求，或當前或過往行為的意圖，並且把它們標籤為**正面的**(即是在某個處境下的良好意圖)。
2. 它能分別出動機和弄巧反拙的行為，藉此發展出一些嶄新的、更為有效的方法，去滿足受輔導者的實際需要。
3. 它能重組經驗，藉此製造一些新的學習和渴望獲得的經驗，取代那些有問題的行為、感覺和思想。

蘭克頓夫婦補充說：「對於一些認為無法掌控問題的當事人來說，使用易構法尤其見效。」他們不無諷刺地表示：「大部分當事人都是這樣。」[22]我們可以在此回應一句：「大部分教友也是如此。」

註釋

1. Richard Bandler and John Grinder, *Reframing: Neuro-Linguistic Programming* (Moab, Utah: Real People Press, 1979), p.1.
2. Bandler and Grinder, *Reframing*, p.1.
3. Sigmund Freud, *Jokes and Their Relation to the Unconscious*. Trans. James Strachey (New York: W. W. Norton, 1963), p.49.
4. Bandler and Grinder, *Reframing*, p.2.
5. Bandler and Grinder, *Reframing*, p.2.
6. Paul Watzlawick, John Weakland, and Richard Fisch, *Change: Principles of Problem Formation and Problem Resolution* (New York: W. W. Norton, 1974).
7. Watzlawick, Weakland, and Fisch, *Change*, pp.10～11.
8. Watzlawick, Weakland, and Fisch, *Change*, pp.31～32.
9. Watzlawick, Weakland, and Fisch, *Change*, p.48.
10. Watzlawick, Weakland, and Fisch, *Change*, p.50.
11. Watzlawick, Weakland, and Fisch, *Change*, p.62.
12. 參Paul Watzlawick, Janet Beavin Barelas, and Don D. Jackson, *Pragmatics of Human Communication: A Study of Interactional Patterns, Pathologies, and Paradoxes* (New York: W. W. Norton, 1967), p.200.
13. Watzlawick, Barelas, and Jackson, *Pragmatics*, p.210.
14. Watzlawick, Weakland and Fisch, *Change*, p.200.
15. Watzlawick, Weakland and Fisch, *Change*, pp.81～82.
16. 語出於維根斯坦(Ludwig Wittgenstein)，轉引自Watzlawick, Weakland and Fisch, *Change*, p.84。
17. Watzlawick, Weakland and Fisch, *Change*, p.111.
18. 羅杰斯(Carl R. Rogers)寫了一篇關於「感知重組」("Perceptual Reorganization")的重要論文，這可被視為易構法的早階段構成。參"Perceptual Reorganization in Client-Centered Therapy"，載於R. R. Blake and G. V. Ramsey eds., *Perception: An Approach to Personality* (New York: Ronald Press, 1951), pp.307～327。我曾在*Biblical Approaches to Pastoral Counseling*(頁182～187)中討論過這篇文章與耶穌的比喻及婚姻輔導的關係。
19. Bandler and Grinder, *Reframing*, p.42.
20. Bandler and Grinder, *Reframing*, p.42.

21. Bandler and Grinder, *Reframing*, p.42.
22. Stephen R. and Carol H. Lankton, *The Answer Within: A Clinical Framework of Ericksonian Hypnotherapy* (New York: Brunner/Maxel, 1983), pp.336～337.

第二章

易構的技巧

要把一件事情辦好，我們需要知道相關技巧，並且能夠靠著一些工具運用這些技巧。不論是芭蕾舞者、法庭上的律師、汽車技工、女裁縫師、詩人，或是科研人員，在進行表演或工作時都需要運用技巧。在某些實例中，他們長久使用那些技巧，以致那些舉動變成他們的第二本能，他們甚至不再把它們當作技巧來看待，這類個別人士或許不曉得怎樣向一個正在學習某項工作的人解釋他們所幹的事情。在另外一些實例中，我們會覺得某種技巧對我們來說是如此新穎，運用它時有點不自然、被迫和做作。當我們運用它時，我們會感到不舒服和不自在，我們愈來愈被這種方法佔據了腦袋，以致幾乎忘卻了其背後的目的和目標。

然而，無論我們對這些技巧感到自在與否，我們都知道要成就一項任務，它們是不可或缺的。由於牧養關懷和輔導也是一項任務，它同樣涉及技巧的運用。作為一個輔導員，我們的工作效果部分依賴我們在運用這些技巧時的純熟程度。

在過去數年間，發展了一系列用來支援易構法的技巧。像所有技巧一樣，它們或會，或曾經被人濫用。但是假如我們能夠負責任地運用，它們會令失敗的易構變為成功。在這一章中，我會描述一系列這類的技巧，並且透過個案材料和教牧應用，闡釋它們的典型或可能用途。

弔詭的意圖（Paradoxical Intention）

治療在某類處境所觸發的恐懼、衝動和無法抑制的行為模式中，採用弔詭法是相當有效的。這種技巧鼓勵或引導當事人渴望他們最害怕的那樣事情出現。他們渴望它出現，但因著渴望和恐懼這兩個對立者互相抵銷，那件事情最終不會出現。[1]以下是一個弔詭意圖技巧的解釋例子。

一個年輕學徒被召進老闆的辦公室，可能由於緊張，或是由於房間悶熱的關係，他不住滲汗，老闆為此不刻意地說了兩句。第二次那個學徒又再被召進老闆的辦公室，他擔心再次不住滲汗，在進入辦公室前，他小心翼翼地擦乾臉上的汗水。然而，他愈恐懼滲汗，便愈促使汗水從毛孔中湧流出來。經過第二次經驗，他深知道第三次面對老闆時，汗水將會從臉上滴下來。事實正是如此。現在他嘗試逃避這類處境，他避免進入老闆的辦公室，每當他估計會被召見時，他便聲稱生病，服用鎮靜劑，愈發陷在這種惡性循環中。他的憂慮延伸至其他處境。他害怕與成年人交談時流汗，因而退避三舍。他變得孤獨，愈來愈羞怯，無勇氣面對他人。他的老闆正計劃開除他，因為他無法聘用一個經常生病的學徒。最後，在絕望之中，那個男孩尋求專業幫助。

在治療過程中，治療師鼓勵男孩正視他所害怕的事情：流汗。透過治療師的循循善誘，他說服自己要向老闆展示他**可以**怎樣大汗淋漓，甚至會溢出一房子汗水，把老闆沖出房間去！對於他來說，這實在是一條妙計讓他擺脫老闆的糾纏！下一次當他被老闆召喚時，他竟然無法滲出一滴汗來，流汗的渴望與恐懼在此刻彼此抵銷了。[2]

在另一個例子中，一個受助者永不會走近巴士站，因為她害怕會把某人在巴士駛近時推出馬路。心理治療師帶她走到巴士站，就在巴士駛近期間，向受助者說：「把我推出馬路吧。來！幹吧！」受助者不單**沒有**照她所說的去做，而且明白到即使她停止其強制行為(避免走近巴士站)，她所害怕的事情也永不會發生。[3]

再有另一個例子，一個中年單身漢，因為患有廣場恐懼症而過著疏離的生活，他害怕處身在開放或公眾的場合。日復一日，讓他不覺焦慮的安全範圍愈來愈窄，最後他不單害怕上班，甚至連隔鄰那一直以來給他供應食物及家居日用品的雜貨店也不敢去。他自暴自棄，決定自殺。他跳上車子，向著離家五十英里的山頂駛去，以為當他經過三數幢城市高樓後，必然會心臟病發，從此一了百了。然而，他卻安全地駛達目的地，在那麼多年來，他第一次嚐到無憂無慮的滋味。這個病得痊癒的案例雖然不是來自一位受過訓練的治療師，但它卻說明了弔詭意圖的技巧，一個原本打算走到公眾地方自殺的人，最終卻發現他根本毫不害怕處身在公眾地方之中。[4]

這種弔詭意圖的技巧也有它的限制，並不適用於所有受助者，但對於一些較有幽默感的人來說，它的成效會尤為顯著，因為幽默感會讓他與自己保持一份需要的距離，以致他能遵照治療師的鼓勵和指示去做。對於一些不太適應這種技巧的受助者來說，他們都屬於「是的，不過……」那一類型，他們總會發現那些易構建議有些不妥，甚至認為當治療師向他們提供一些弔詭公式時，會感到被嘲弄和冒犯。這種策略也不適用於一些極度情緒低落的人，因為驟眼看來，弔詭公式就像拿他們的處境開玩笑。引導一個情緒低落的人去經驗更深一層的沮喪是殘忍的。但是另一方面，弔詭意圖在極端痛苦的情況下或許能發揮作用，就如當一個丈夫經歷喪妻之痛，治療師問他是否希望妻子能夠回到他身邊，即使是匆匆一聚，不過這表示她必須再次經歷那痛苦的死亡。

當牧者與個人或家庭進行牧養工作時，弔詭意圖尤為適切；然而，在羣體層面上，這也有助於處理恐懼、衝動和一些無法抑制的行為。舉例來説，在一個年長人士的聚會中，那羣參與者全都曉得他們對訪客不夠友善，他們同意需要友善一點，並且認為當他們不夠主動與訪客交談時，他們應該感到歉疚。牧者聽過他們曾多次討論過這個問題，但卻毫無果效。因此，他向他們發出一個極端的要求：「在未來幾個主日，我想你們按老本子辦事，不去接待訪客。如果你發現有衝動去向其中一人打招呼時，盡力克制自己。假如他們迎你走來，我希望你們能夠掉轉頭，隨便找個朋友交談。直到下一次聚會中，我希望你們匯報一下在逃避訪客一事上你們有多成功。」當被問及為甚麼他會希望長者這樣做時，他解釋説他可以一人承擔接待訪客的職責，而且他的確從其他教友的口中聽過，大部分訪客也不願向太多人透露關於自己的東西這種觀點。他當然不贊同這種看法，但它卻為他的指引提供了一個看似合理的借口。有些長者就牧者的指引感到困惑，有些覺得這是一場惡作劇，但他們全都同意跟著指引去做。在下次長者聚會中，他們討論怎樣成功地避開訪客，雖然並不是所有人都違規，但為數不少。整體來説，他們的話題轉了，每個長者都在匯報他／她怎樣努力地與訪客接觸。談話變得更有活力和生氣，至於那些早前在討論這個課題時所引發的負面自責，亦已一掃而空。

減少反省法(Dereflection)

自我檢視帶來健康的自我評估，然而，過度誇張的自我審察卻可能帶來危險。要抗衡過度反省，不能單純地指引受助者不去就某一課題想得太多，這類建議只會令他們更加注意那些本欲避免的事情。同樣地，甚麼也不想也是困難的。減少反省的技巧包括提議受助者想及其他事情，因而引導他們的注意力從徵狀轉向另一些更為正面的課題。在大多數的例子中，治療師會要求受助者想及一些盼望已久、積極、健康，而且能夠豐富他們生命的活動，每次當他們似要過度反省的時候，選擇其中一項活動來思想，從而發掘哪一種取替活動能夠在轉移負面沉思的情況中表現得最出色。[5]以下是一個典型例子，當中運用了減少反省的技巧：

一個智力不錯的高中生本應可以順利通過測驗，但是他總憂慮自己會忘記一切，以致臨場發揮得相當差。因著心理的影響，後來他得了胃病，並且在每次測驗臨近的日子顯得更加厲害。他的父母關心他的差劣成績，以及造成他經常缺課的胃病問題，最終他們尋求專業援助。治療師指示學生及其父母不去理會學校任何課題三個月，並且鼓勵他在這段期間儘量投入課外活動，隨意閱讀他所喜歡的書籍，每個週末享受一段快樂時光。起初那對父母充滿疑竇，但還是願意合作。每次當他提起學校的事情，他們便會問及他關於合唱團練習、足球比賽，又或是他的週末安排。不到半年，他的平均成績便由C進步到A-。

這個技巧同樣適用於那些過度考量及評估彼此關係的夫婦。不錯，大部分已婚夫婦對於彼此關係的反省不夠，但同時也有部分夫婦經常分析彼此關係，以致在過程中令雙方受到傷害。這類夫婦絕對適合採用減少反省的技巧。當「今夜清談」(*Tonight Show*) 的節目主持人卡爾遜 (Johnny Carson) 問及羅倫斯 (Steve Lawrence) 和哥爾瑪 (Eydie Gorme) 為甚麼他們的婚姻能夠維持那麼久時，哥爾瑪回答說：「因為我們從未有過一段有意義的交談！」當然了，我們不能就這樣信以為真，但這句話也的確說出了要點：過多或過少的反省，都可能對婚姻關係造成傷害。牧者也可能發現在一個經常陷於過度負面自我反省，或是不斷糾纏在某些過去負面經驗的羣體中 (例如前任牧者自殺)，減少反省的技巧也有其用處。當這類話題開始浮現時，牧者不應該以一句像「讓我們不要那麼消極吧」之類的評論扼殺這些話題，反而應該引導會眾想及一些對羣體能夠起著積極作用的事情。一位牧者曾經帶領他所事奉的羣體製作了一部小冊子，當中列出及描述了該羣體所擁有的強項，作為鞏固減少反省策略的一種方法。但牧者也當留心他們所採用減少反省的技巧，或會產生一種對羣體和他們的事工盲目樂觀態度的危險。一般來說，儘管人能夠立時判別出健康的自我反省與過度的自我檢視兩者之間的不同，仍然會有某些人得著成長的刺激動力，同時也有某些人顯得停滯不前和慣性遲頓。

混淆法 (Confusion)

混淆法是由艾力遜 (Milton Erickson) 建構出來的，以下的事例可以把它說明出來。

在一個刮著大風的日子，一個男人趕忙跑過一幢樓宇的轉角處，狠狠地撞倒了正在抓緊大衣逆風而行的艾力遜。就在艾力遜十七歲那年，他因著患上小兒痲痺症而引致半跛，無法保持身體平衡。就在那個男人想要開口道歉的時候，艾力遜一瞥他的手錶，就如那個男人曾經詢問他現在是甚麼時候一樣，禮貌地說：「現在正好二時十分。」(其實那時已接近四時) 然後徐徐離去。走了大約半條街，艾力遜掉頭看見那個男人，他正在注視著他，一副摸不著頭腦的樣子，毫無疑問，他仍然為著艾力遜的說話而感到莫名其妙。艾力遜這次奇特的回應，把一個認為道歉才是符合預期的處境，重新演繹成一個假如那個男人曾經詢問時間才算為恰當的處境。但是這仍然叫人感到糊塗，因為那明顯錯誤的答案與那彬彬有禮的回應互相衝突。一個治療師可以故意用上一句混淆陳述句子來作為一個特別重要的介入 (例如：解釋、觀察、忠告，或指導) 的開場白。被混淆陳述句子弄得一頭霧水的受助者，應會對治療師接續下來的陳述有更積極的回應。[6]以下是混淆法的治療性用途的詳細描述：

一個治療師相信她的受助者的問題，只有透過與他的老闆來一次面談，才可以獲得解決。但同時她也相當清楚，那個受助者定會搬出大堆理由，指出與老闆面談只會令事情適得其反。她得出這個判斷，很大程度上，是基於輔導過程中一直以來的觀察，他是那種「是的，不過」類型的受助者。為了確保他起碼會認真考慮她的建議，她以一種看似聰明透頂，其實卻愚蠢不堪的陳述句子來探討人性作開頭。因著第一句陳述句子與第二句陳述句子之間的矛盾，令他步步為營，最後他正面地回應了後者，接納與老闆面談的建議。

混淆技巧亦適用於其他情況，就是當那個治療師遇上一個習慣倚靠自己的解決困難技巧，並且以自己的解釋和方法與問題糾纏的受助者的時候，他看到了混淆技巧對該受助者的好處。因此，在處理另一個受助者個案時，同一個治療師以一系列錯漏百出和全不連貫的評語，來回應受助者就某一特定困難所提出該如何作的問題。在每個治療師所提出的評語之後，受助者繼續澄清自己的問題，以及可以怎樣處理它。治療師顛倒了常模，令受助者感到困惑和矛盾，事實上，輔導者確保過程是理性和清晰的。

混淆技巧無疑是難以掌握的，我們時常毫不經意地用上混淆的評語，但要有目的地運用它是困難的，而且當我們看到受助者那種疑惑眼神的時候，實在難以抗拒向他解釋一切的衝動。然而，我們絕不可忽視或低估混淆語言所帶來的策略性價值。舉例來說，混淆技巧可以確保決策羣體認真地看待牧者對某個特定事件的觀點。委員會的成員或許會在聽畢牧者一番前後矛盾的陳述後感到迷惘，從而憂心忡忡地認真回應牧者接續所要說的話。一句高深莫測或晦澀難明的神學論述是引起這種混淆特別有效的媒介，此外，就如艾力遜那句「現在正好二時十分」這種內容明顯錯誤的說話也相當有效。心理學、社會學，或歷史學那種迂迴而無所指的引述也同樣能達到效果。至於那些不願意或無法從容地說出混淆陳述句子的牧者，可以選擇等待，直到有委員會成員說出一兩句混淆說話，他們便可立時就正在處理的課題提供精簡意見，或許會獲得接納和贊成。

張揚代替掩飾（Advertising Instead of Concealing）

有很多問題是源自一些社會性的抑壓或叫人困窘的禁制：它們或是一些人們不應去做，卻無法抑制的事情；或是一些人們本應去做，卻沒有做到的事情。很多人嘗試透過克制和掩飾去處理這類問題，但是他們愈努力隱藏他們的抑壓和困苦，他們便愈發現問題變得紋風不動。張揚技巧相等於全然否定一直以來所運用過的解決方法。不再嘗試掩飾任何病徵，相反地，受助者要把病徵顯明出來，因為這個一直採用的解決辦法(掩飾)就是問題本身，當我們棄用這個解決辦法時，問題便會自然消失。

恐懼在公開場合發表演說是抑制的最佳例子，在此我們可以用張揚技巧來對付。對於很多人來說，這種恐懼是最要命的。我們害怕在聽眾面前，把自己的緊張情緒表露無遺，我們努力地抑制發抖的雙手和顫動的聲音，但往往會令我們更加緊張。解決辦法就是向聽眾表白我們曾經試圖掩飾的事情，承認說：「站在你們所有人面前，我實在感到非常害怕。」這類剖白會舒緩緊張情緒，因為聽眾大多會同情地點頭示意，並且接納講者的恐懼。與此同時，這亦經常促使聽眾對講者的信息有更高的期望，因為他們以為講者故意給予他們一種印象，他是有能力發表演說的！[7]

牧者採用張揚技巧最明顯的地方，就是他們自己的社會性抑壓或叫人困窘的禁制。在牧養事工中，他們多番試圖掩藏弱點或禁制，結果對問題解決裹足不前。不論是在醫院裏進行牧養探訪、與一個有親人身故的家庭會談、主持一連串婚前輔導聚會，或是面對一個其行為為整個羣體的士氣帶來負面影響的教友，牧者都會感到憂慮和恐懼。以恰當的方法表白這些憂慮和恐懼，經常有助於減低其在牧者身上的影響力，並且促使聽者對他們自己作出類似的啟迪。但是我們要小心，不可讓這類啟迪變成「奉旨」和例行公事，以至聽眾把它們聽成差劣表現的借口，或是為了贏取他們同情的操控試圖。

比洛克策略(The Belloc Ploy)

人往往糾纏在自我堅執的人際關係網羅裏，在這個網羅中，一個人的醜陋觸發另一個人的醜陋，互相攻訐，沒完沒了。比洛克策略，取名自基流多（Jean Giraudoux）的戲劇《比洛克的太陽》（*L'Apollon de Belloc*），在戲劇中比洛克教導當事人向與他曾經有嫌隙的人說句奉承話。通常當事人最初都會反對這項建議，但是當他細心思考到這項建議所帶來的果效時，他開始滿肚密圈；他愈去想它，便愈覺得事情有趣：「想像我去告訴那個小丑，我喜歡他在我們會議中提出主意時的樣子！」雖然這類行為處方從未實踐出來，但是通常那兩個交戰者之間的氣氛都會有所改變。說出奉承評語的動機在當事人的行為上帶來一種微妙的改變，他的對頭也同樣感受到這種改變，並且會以同樣微妙的方式作出回應。

一個經驗豐富而且極具才智的行政助理，與她其中一個老闆有相處的困難。她的獨立辦事能力和進取態度令老闆感到很不安，他從不放過任何機會在其他下屬面前數落她。她感到被冒犯，然而她卻對他採取一種更為疏遠和卑躬屈膝的態度。老闆進而以更為輕蔑的言論作回應，使她無名火起。事情發展得愈來愈糟糕，他開始提議她轉往其他部門或乾脆辭職，她也考慮辭掉工作。她尋求專業協助。治療師教導她等待另一次事件發生，然後把老闆拉到一旁，尷尬地對他說：「我本想在很久之前便告訴你，但我不知道該怎樣說——這實在有點不像樣，每當你好像剛才那樣對待我時，我實在感到很興奮。我不知道為甚麼——或許與我的父親有關吧。」在他還沒來得及作出反應前，她便匆匆離開。她最初感到害怕，繼而開始密謀，最後發現整個主意相當有趣，蠢蠢欲試。當她第二天回到工作崗位時，卻發現老闆的行為一夜間改變了，他是那麼彬彬有禮，由始至終都是那麼平易近人。很明顯，她可以用另一種行徑處理當時處境的知識微妙地改變了她的行為，這也直接影響著人際間的現實。這實在沒有其他合理的解釋，為甚麼老闆會突然對她作出改變。[8]

比洛克策略是一個舒緩和消除羣體成員間彼此矛盾的寶貴技巧。在兩個成員產生關係磨擦中，牧者經常面對選擇立場的壓力。為了不想陷在「進退維谷」的景況裏，牧者通常會以一些離身的評語作回應：「我明白你的論點」或「我理解你為甚麼會這樣對待露芙」。然而，這些評語大多不能令投訴者感到滿意，她或會後悔曾向牧者提及她的問題，或會認為牧者因著她對露芙的批評而輕視她。比洛克策略向牧者提供一個真正的另類選擇。當某教友向牧者投訴另一位教友時，牧者可以聆聽他的投訴，接著提議該教友向露芙說出一些近似那位行政助理對老闆所說出的那種帶有侮辱性的話。下次當露芙說出尖酸刻薄的話的時候，艾蓮娜學會以類似的話作回應：「我們真的不是冤家不聚頭，你剛才所說的，雖然帶有點點批評成分，但背後卻顯出你對我是那麼肯定和支持。」即使艾蓮娜從未真正對露芙說出這番話，她已發生改變，她明白到只要她能夠從另一個角度去處理這件事情，便會為人際關係的現實本身帶來改變。除此之外，艾蓮娜會感受到牧者的確著意聆聽她的故事，因為他曾間接地認定，他相信露芙的確一直對她不甚友善。

你為甚麼要轉變？

輔導者經常發現當事人抗拒他們的努力，其行為舉止彷彿是要掃蕩他們的專業，從而證明問題是無法解決的。他們尋求援助，卻只從輔導者那兒得到一些常理意見，他們便大條道理地指出那些意見根本行不通。在「你為甚麼要轉變」技巧中，治療師任由常理主導著思考架構，並且向當事人問上一句顯然荒謬的問題：「你為甚麼非要轉變不可？」當事人不料有此一著，根據他的遊戲規則，簡單地假設了他要轉變。因此，這個問題創造了一個新遊戲，一個當事人再無法掌控的遊戲。我們稍為改變這種技巧的問題形式：「你可以怎樣作出轉變？」治療師在這裏引出一種事情無法轉變的意念。在你的位置上，為甚麼你所作的不同常人？另一種不同形式是要告知當事人，在他的條件中，任何轉變都可能需要耗上一段長時間，不論在何種景況中，隨著時間的流逝，他都必須容許他的計劃超越他的預期。這種技巧通常都會激動那個凡事對抗的當事人去證明輔導者的錯處，從而使治療過程走出當前的困境。以下例子很好地說明這種技巧：

基榮在校園內售賣巴比妥酸鹽(譯按：用作鎮靜劑或催眠藥)時被捉拿，因而被勒令休學。他感到很煩惱，不是由於不能上課的緣故，而是在於他的生意受到阻礙。當校長告訴他休學是為著他的好處，目的是要幫助他的時候，他變得狂怒非常。格連先生接著告訴基榮，在休學期間，他在家裏所做的任何課業都會得到學分，而他的母親亦可以到學校提取他的課業。一直以來，基榮都是一個頑劣學生，遷怒格連先生令他休學，更對母親表明不論在任何情況下都不會做功課。母親尋求治療師協助，希望他可以影響基榮接受格連先生的處分，從而止息怒氣，並且對學校課業作出讓步。當治療師明白到難以疏解基榮對格連先生的憤怒後，他採取了另一條進路，他教導母親向基榮說出一些她逐漸明瞭，但不應向基榮透露的話：因為格連先生相信只有留心上課的學生才可以完成課業，所以她相當肯定他要基榮休學就是要他升不了班。因此，假如基榮能夠完成他的課業，而且較有上課時做得還要好的話，格連先生將會十分尷尬。當然，基榮不要做得太出色，否則只會弄巧反拙。

當基榮聽到這項建議後立時眉飛色舞，帶著一種意欲復仇的目光露出一絲冷笑。在下一次會面時間中，他的母親報告他把全部精力投放在學校課業上，並且取得了從未如此理想的好成績。[9]

牧者經常遇到教友對轉變作出一些莫名的抗拒，但是那些轉變卻往往是他們期望得到，甚至表示支持的。[10]與這類人講道理通常都是徒然的，他們總會給你一個相反理由，說明轉變是那麼不獲人心和不設實際。「你為甚麼要轉變」這種技巧特別適用於這一類人。當教友解釋為甚麼要一動不如一靜時，牧者只需點頭同意，並且附和他們沒有作出轉變的理由。假如牧者是最先提出轉變的那一位，當遇到相反意見時，她可以對那充滿說服力的理據表示衷心的讚賞，令她改變初衷。這個策略迫使敵對教友參與一場新遊戲，這新遊戲是他冷不提防的，無法如常施展他的反抗技倆。

擺低姿態法（Benevolent Sabotage）

當一個人即使怎樣努力也無法在另一個人身上產生絲毫影響力，或是無法駕馭他的行為時，擺低姿態法便可大派用場。在這種情況下，雙方都知道無法令對手屈從於自己，因此，擺低姿態法是以公開承認彼此無法駕馭對方的行為為本，採取「抑此」「揚彼」的立場。既然公開認了沒轍，另一方很快便會發現再堅持己見和抗爭下去都沒有意義，因而願意採取合作態度。以下是一個擺低姿態法的例子：

有一個高中男生，他的父母明白到再怎樣威嚇他也無補於事，他們嘗試過多種獎懲方法，但一點效用也沒有，最後，他們尋求專業輔助。治療師教導他們這樣對男孩說：「我們希望你能在晚上十一點前回家，但是如果你不從，我們也沒有辦法。」透過公開承認自己的無能為力，他們易構了自己的處境，從他們的權威受到挑戰的處境，到違命變得毫無意義的處境。要表達出他們說話的實際意思，治療師指導那對父母在十一點前就寢，並且在添姆最終回家時假裝已經熟睡。第二天早上他們不去討論昨晚他在甚麼時候回家，除非他自己提及。如果他真的提及，他們會覆述昨晚他們所說過的話：「如果你不在十一點前回家，我們也真的對你毫無辦法。」他們笑著表示對這種無法避免的事情作出讓步，沒有流露任何諷刺或受到困擾的語氣。[11]

這種技巧的主要元素是能夠清楚說明所渴望得到的行為或回應：「我們希望你在十一點前回家。」這個信息相當清楚，毫不含糊。另一個清楚信息是說話者坦白承認自己無法強制聽者服從。對於這兩個信息，聽者接收得到。當有教友公開挑戰羣體的方案和目標，對整個羣體的精神帶來負面影響，尤其是牧者已經嘗試過安撫、引導、警告，甚至威嚇，仍然無法平息事件時，擺低姿態的技巧便在這刻尤為合用。牧者告訴他們：「這就是我希望你們做到的。」接著清楚陳明他渴望見到他們有哪些行為表現。這樣出現了兩個同樣清楚的信息：一方面希望聽者依從指示，另一方面卻知道事情未必盡如人意。然而，讓這些個別人士知道假如他們毫不合作，他也無可奈何。牧者同樣清楚地表明他是知道勉強不來的，並且深知眾人也得知這種情況。美國教會常被理解為志願組織，當中的個人可以選擇參與。但是對於大部分人而言，他們自由地決定自己對教會的參與、合作和支持程度。牧者在清楚說明他渴望見到教友的合作表現後，承認如果教友不順從的話，他也無計可施，他便是站到「擺低姿態」的位置上。要使這種技巧更加奏效，有一點很重要，就是牧者應當表現出一種由衷的謙讓——出於真誠的——而不是一副語帶譏諷或深受困擾的面孔。他由衷地接納某些教友可能會繼續反抗、挑戰和不合作的事實，然而卻向他們表明：「即使沒有你們的支持，我仍能堅持下去。」倘若教友作出轉變，牧者應當以一句簡單的多謝，以表示對他們的謝意。然而，倘若牧者因著教友的轉變而作出太大反應的話（例如向教友盡情傾訴自己的感謝），教友可能會覺得被操控妥協，而再度反抗。

虛假選擇法（The Illusion of Alternatives）

當一個人希望另一個人作出某類行為，但又意識到他在反抗時，虛假選擇法是一個相當有用的技巧。引導和威嚇只會令他者更加頑固和敵對，取而代之的是向他者提供一個選擇，排除了甚麼也不作的可能性。「你想在七點四十五分，還是到八點才上床睡覺？」這製造了一個假象，令他者以為有選擇可言，其實想要他上床睡覺才是最終目的。這個提供給他者的選擇並不包括是否上床睡覺的決定，只是給予最終結果出現時一點彈性。

這類技巧可以帶點變化，詢問者提供兩組行為供他者選擇，但是無論他者選擇哪一組行為，都會衍生第三種結果。「你想在睡覺之前洗澡，還是情願在浴室裏換睡衣？」詢問者所關心的是孩子能夠自動自覺上床睡覺，無論他選擇洗澡還是穿睡衣，都會派生同樣結果。詢問者根本不在乎他選擇甚麼。在這個例子中，正如前一個例子一樣，製訂了一個明確框架，排除了不想預見的結果——無法敦促孩子在恰當時間上床睡覺。[12]

家庭成員經常採取虛假選擇法去維持對其他家人的控制。一位母親買了兩件襯衫給她的兒子，一件是藍色的，另一件是褐色的。第二天，兒子穿上那件藍色襯衫。「你不喜歡那件褐色嗎？」母親問。兒子以為已作出了清楚的選擇——他喜歡藍色那件過於褐色那件——然而，無論他作出怎樣選擇，都會面對同樣異議。我們都相當熟悉這種技巧，只是在治療的處境下，它不是用作控制他人，而是用作產生正面的轉變。以下的例子說明這種技巧的治療性用法。

一位治療師向當事人問了一個看似荒謬的問題：「你想在今個星期還是在下個星期才處理你的問題？這或者倉卒了一點，可能你想要多一點時間作考慮，或者多等三星期或四星期吧？」這番話表明了當事人有權去延遲他將會得到的進展，也暗示了當事人可以在今天便能獲得進步。治療師任由當事人選擇其時間表，但卻暗示他可以毫無疑問地獲得真正的進展，控制他的問題並不關乎談判或選擇。製造了有所選擇的假象，其實是讓當事人自行決定何時取得成果。假如當事人以為那些向他們提供的選擇只關乎治療師的個人利益的話，這個技巧不會行得通。在這種情況下，當事人乾脆不肯踏進框架之中，把兩個選擇一併拒絕。

在牧養處境中，這個技巧有多種用途。舉例來說，它可以用在推動一個羣體或委員會，對一個渴望達成的計劃或目標作出行動：「你希望兩星期後約見城市規劃局(Urban Task Force)的官員，還是如他們的建議般，容許自己有一個月的時間作準備？」或者「你希望每個星期崇拜的敬拜程序中加入這些變化，還是隔主日進行？」這樣作出決定，牧者排除了拒絕約見城市規劃局的官員或反對崇拜程序作出轉變的抉擇。當進行治療性用途時，假如其結果不會讓人感到是為了牧者的個人利益的話，這個策略便會奏效。因此，在教友認為牧者已經投放了大量個人資源在其結果上的情況下，便不應採取這種技巧，不然，羣體或委員會只會抗拒進入框架中，拒絕所提出的兩項建議。

提供一個更差的選擇 (A Worse Alternative)

當治療師們因著仁愛的心，促使他們採取易構法時，只要他們認定所堅持的行為是為了當事人的好處的話，即使當事人如何的不合作，他們都會採取永不放棄的態度。有時候，這個行動包括向當事人提供一些他並不喜愛的東西，以致他／她作出其他選擇。有時候來一次威嚇，或是採用某些步驟，以致某人為了避免一些更壞的事情發生而作出轉變，目的是要證明抱著問題不放較乾脆放手來得困難得多。為了達到這個目的，向當事人提供一個更差的選擇是方法之一。

一位年長男士害怕乘搭升降機，他尋求專業協助。值得一提的是他本身是一位行為舉止相當正經的人，娶了一位同樣正經的太太，治療師 (艾力遜) 決定利用這些性格特點來進行他的策略。在艾力遜辦公的大樓裏，升降機都是由年輕少女操作的，艾力遜找來其中一個，與她作出一些特別安排，幫助他實踐計劃。他與那位男士同行，來到少女的升降機。他們進入了升降機，艾力遜請她把門關上，說：「上樓去。」當他們到達一樓後，她把升降機停在兩層中間。那位男士大聲喊叫：「出了甚麼事？」艾力遜回答說：「這位升降機操作員想與你親一下。」那位男士給嚇了一跳，說：「但我已經結了婚！」少女回答說：「我不介意。」她走近那位男士，而他則往後退，說：「你開動升降機吧。」她把升降機開動，在到達四樓時她再一次把升降機停在兩層中間。她說：「我只渴望親一下。」那位男士說：「只管你的工作吧。」催促她再次把升降機開動。但她卻回答說：「沒問題，讓我們返回低層再來一遍吧。」她著手把升降機下降。他說：「不要往下去，向上！」他不想重頭經歷剛才的考驗。少女駕著升降機往上爬，再次停在兩層中間，說：「你可否應承我在你下班後乘搭這部升降機下樓去？」他說：「我可以應承你任何事情，只要你應承我不要親我。」他繼續上樓，感到釋放，沒有絲毫恐懼——起碼對於升降機而言——從此以後，他可以乘搭升降機了。[13]

很多時候，牧者都會不知不覺地用上了避免更差選擇的技巧，他們通常會利用這種技巧，謀求與羣體的或牧養的政策和目標互相合作。一個牧者可能會向一班準備接受堅信禮的信徒或一對希望在教堂舉行婚禮的情侶，解釋他本想安排較現在更多的工作、更多的聚會，和更多的輔導環節給他們，有時更會把前任牧者擺出來：「如果漢臣牧師還在這兒的話，你們所要作的比我現在所能想起的要多兩倍。」然而，為了令技巧明顯一點，牧者或會減少或限制真正易構的潛能。就好像前面的例子中艾力遜所指出的，重要的是那位年長男士在開動升降機和被升降機操作員親一下兩者之間作出選擇。接收到一個真正的選擇，按著這個選擇而行，就能讓個人得到一次避免更差選擇的經歷。

因此，倘若預期會遇上不合作的情況，牧者便應向堅信班成員或那對情侶提供兩個選擇，並且容許他們從中選擇較佳的一個。透過選擇，他們擁有何去何從的自主權，再不能聲稱他們的繼後行為只是對牧者命令的順服或不順服。舉例來說，牧者可以告知那對情侶，婚前輔導可以是三堂的，也可以是七堂的，邀請他們作出最適合他們的選擇。當有些情侶偏向選擇七堂的時候，大部分情侶都會選擇三堂的。有些牧者或許會對某對情侶選擇較少堂數的婚前輔導感到婉惜，然而，由於是他們自己作出的選擇，更能在輔導過程中獲得較佳的成果。他們深深感受到整個輔導過程都是為他們而設的，更能投入其中，這是單純地被通知出席三次聚會所不能比擬的。他們懷著本應出席七次聚會的心情，更能積極參與那三次早已預約的聚會，更能善用時間，為要向牧者證明，其他情侶需要七節時間才能完成的東西，他們只需三節便能處理妥當。

再標籤法（Relabeling）

再標籤的技巧就是對受助者一向對某類行為和態度慣用了的名稱，給予一個不同的叫法。新的標籤能夠更準確地描述處境事實，因而優於原有的那一個。以下是一個再標籤的例子：

布偉特夫婦找上他們的牧者作婚姻輔導。某個晚上，布太太提及他的丈夫把一瓶橙汁打翻在地上這件事情：[14]

牧　者：跟著怎樣？

布太太：我責備他一頓，叫他下次小心點，然後收拾殘局（mess）。

牧　者：為甚麼由**你**去清理？

布太太：我知道他得花上半天才可以清理妥當，只會把爛攤子愈搞愈糟！

牧　者：（轉向布先生）你對於她幫忙清潔有甚麼感想？

布先生：她是一個「完美主義者」！無論我做甚麼事情，她總愛在這裏加添一筆，在那裏刪掉一劃！我所做的任何事情，總沒有一件合她心意！她不會喜歡由我去清潔地板的。

牧　者：還有甚麼？

布先生：(頑皮地笑了一下) 我也知道只要多等一會兒，她便會按捺不住，著手去幹。

在這次交談中，布太太稱她的丈夫為**骯髒鬼** (messy person)，而布先生則以完美主義者 (perfectionist) 來標籤他的太太。然而，這段生活小插曲並不能説明這兩個標籤。或許我們可以認為一個打翻橙汁的人的確把地方**弄髒了**，但通常我們會以**骯髒鬼**來形容那些經常把髒衣服丟在地上，把碗碟堆在洗盥盤裏，或是容許寫字檯給各類文件、郵件和吃掉一半的餅乾所淹沒的人。一個打翻澄汁的人不一定是「骯髒鬼」，或許可以稱他們為**冒失鬼**或**撞板鬼**罷了。同樣地，一個認為應該儘快清理澄汁的人也不一定是**完美主義者**。一個完美主義者對於事情往往有一種過分或尖刻的要求，凡事必須端端正正，不能偏左或偏右。把澄汁抹乾淨的舉動可以被視為重視清潔、整齊，甚或有安全意識的特徵。

因為**骯髒鬼**與**完美主義者**這兩個標籤的意義並非不證自明，輔導者需要從其他地方尋求一些更拾當的字眼去描述該等行為和態度。按著那段生活小故事來看，用**倚賴者**來標籤布先生可能會更加準確，因為他對待妻子的行為，就像一個小男孩凡事倚賴母親為他打點一切，然後又抱怨她的要求過分一樣。至於布太太方面，我們可以用**主宰者**來形容她，因為她操控著丈夫，堅持給他完成一些本應他可以自己輕易處理的事情。這類標籤有它的優點，就是能夠把兩個當事人之間的關係描繪出來，而那些他們所曾使用的標籤卻關乎各自固有的性格特徵。新的標籤暗示了轉變的可能性，因為改變他們之間的相處之道，較改變各自固有的性格特徵更為合理。按著他們的自身陳述來作判斷，特別是布太太形容自己常對丈夫「指指點點」和「大叫大嚷」，看來他們應當會喜歡改善彼此之間的相處之道。

在教牧事工中，當原來的標籤令事情毫無進展，或是窒礙任何轉變出現的時候，再標籤的技巧便尤為有用，因為由牧者所提供的新標籤，帶出了一種凡事總有轉機的信念。當牧者們對某些個人或羣體或會眾的整體行為表現作出標籤時，他們可以選擇一些詞彙，把現時處境描述為不過受著偶發因素的影響，而不是基於一些無法易轉的因素，從而強化了明天會更好的信念。舉例來說，以**沉睡的巨人**來形容某間教會，總好過把它說成**死了**吧。基督徒在相信復活的同時，也同意喚醒一個熟睡的人會來得更容易，因為熟睡並沒有固定狀況的意味。標籤描述相處之道而不是性格特質，這點在表達轉變方面是相當有幫助的，以原則性和戲劇性的方式表達是真有其可能性的。

先發制人法（Preempting）

所謂先發制人，就是指治療師預計當事人會作出反抗，從而預先作出搶截。治療師或會說：「對於這個問題，有一個比較簡單的處理辦法，但是想到你慣於慎思細作的處事作風，我估計你不會喜歡它。」又或者「我知道很少人會這樣看待你的處境，然而……」這種先發制人法通常都會令當事人接納治療師跟著提出來的論點，因為倘若他們不同意，便彷彿暗指他們缺乏足夠的理解力、想像力和勇氣。先發制人法衍生了一些談話公式，一個人會透過聲稱不會講或不打算講來帶出他想要表達的東西。「如果我不是你的治療師，我會簡單地指出……」又或者「如果你太太不在這裏，我會這樣說……」又或者「對於一些沒有你那麼自暴自棄和麻煩多多的人，我可能會直截了當地說明我認為這不過是個芝麻綠豆的問題。」[15]

以下是一個具有治療性用途的先發制人法的例子。

有一位治療師處理某個個案，當事人曾經與好幾個男性交往過，成功地使其中一個甘願拜倒石榴裙下，只是當她告訴他發展得太快時，他便終止了雙方的關係。現在她結識了另一位男士。治療師看出那個婦人會重蹈覆轍，但也清楚知道她不會接受這觀點，更會指摘治療師或是出於嫉妒的緣故，勸阻她放棄找尋另一個男人的努力。因此，他說出了這樣先發制人的話：「我原本打算談談關於你那段新感情，但我忍著不說，因為我知道你必定早已把它想透了，這是清楚不過的事。」當事人問：「唔，那是甚麼？你到底想說甚麼？」接著治療師把他的理據陳明出來，而她因著早被告之他相信她已想透了問題，因而同意它的確曾經出現過在她的腦海中，並且承認該主意確有其優點。假如他只單純地把他的理論鋪陳出來，而沒有作出一些先發制人的評論的話，她可能沒那麼容易接納他的提議。

在牧養環境中，這類技巧在某些處境中尤有幫助，特別是當牧者懷疑自己的聲音不獲注意的時候。舉例來說，她可以在教友大會中說出自己對企管一事所知皮毛，因為她所接受的神學訓練只著重實踐部分。這番評論預計會有一些大會成員，基於認為牧者(特別是女牧者)一般都缺乏企管常識，從而往往對她們的觀點不屑一顧。這種先發制人的技倆並不保證她的提議會被接納，但至少別人會公平而帶點體諒地聽上一聽。

配方法(Prescription)

配方法就是給當事人開出藥方，與內科醫生所作的極為相似。所開出的藥方或許是要直接處理當事人的病源(即是以治療師對問題的實際診斷為基礎），但這並不是絕對的要求。那藥方或許更像安慰劑，它之所以有效全因病人對它的信任。以下的例子說明配方法怎樣運作。

從前有個學生來到艾力遜面前尋求協助，因為他那沒有結婚的姨母曾經數次企圖自殺。艾力遜並沒有約她到他的辦公室來傾談，反而在翌日出現在那女士與她的女傭所居住的房子前。當她應門時，他自我介紹了一番，並且要求參觀一下她的房子。那女士感到非常突然，但在好奇心驅使下，她同意讓他進來。在陽廊裏，他發現到一排盛著非洲紫羅蘭的花盆。她告訴他在種植這些盆栽方面她甚具天分，此外，她在每個星期天也會到教堂去，然而僅此以外，她再沒有甚麼有意義的社交生活了。將要離去時，他對她說：「女士，這是你的配方。我希望你打發傭人到苗圃去買多些花盆，又把各種可以買得到的紫羅蘭品種買回來，每當你的教會裏有人生了孩子，你便在那小孩洗禮當天給他的父母送上一盆非洲紫羅蘭；每當有婚姻慶典，你也給新娘子送上一盆這樣的花朵。」二十年後，他在翻閱一份當地的報章時，看到了一則消息：「非洲紫羅蘭皇后安息了，享年七十六歲」。這篇報導的開頭回顧了那段動人的故事，提及這位女士如何受到教友及鄰舍的愛戴。在艾力遜臨終前不久，他把這個故事說給了一羣治療師聽，他總結說：「我從未曾知道那位女士到底有甚麼不妥。」[16]這個故事的重點不在於艾力遜是否知道那女士的問題原因，而在於她信任他的處方。然而，她的信心並非盲目的，因為他的處方毫無疑問地對她甚有意思。

以聖經經文當作藥引是牧者其中一個常用的配方技巧，就是選取某些經節套用在受輔導者的問題上。然而，這些處方通常都不會涵蓋所有已知事實，因而未能成功地易構問題。那反映在艾力遜介入那位企圖輕生的女士的牧養智慧為基礎的配方法則較為有效，因為它把當事人的個人因素考慮在內。但是一些較為新派的牧者卻逃避選用聖經作藥引，因而不常採用配方技巧。[17]再者，在一些認為牧者具有較高權威的教友當中，配方法普遍會較易受落，至於在一些較為新派的羣體中似乎是另外一回事。然而，當我們從另一個角度看，配方法也適用於新派教會的信眾，正因為這個方法是那麼意想不到，並不受制於他們固有的東西。牧者可以指示一個情緒低落的教友每天清晨唱「耶穌愛我」，即使她並沒有真的跟著指示去做，但是牧者作出了這項提議的意念或許已令她感到不尋常和有趣，從而誘發她作出態度上的轉變。毫無疑問，這種進路較諸直接逗她開心的試圖更為可取，正如我們在第一章中所看到的，這種嘗試通常令事情愈弄愈糟。

在數年前，當我經驗到我稱之為「絕望」的時候，我發現自己重複又重複地想起詩篇一百三十一篇，當中的短句我仍能背誦出來：

> 上主啊，我不敢再狂傲，也不敢再妄自尊大。
> 我不敢再有大企圖，也不敢再做艱難的事。
> 我安適滿足，好像斷奶的嬰兒倚偎在母親懷裏；我的心也寧靜。
>
> （現代中文譯本）

這首詩是給我開的藥方，一組強而有力的詞句給予我保證，無論如何我總會熬過那段艱難時刻。

投降策略（The Surrender Tactic）

在《耶穌的權能策略》（*The Power Tactic of Jesus*）一書中，希利（Jay Haley）指出很多動物在強大敵人面前都會擺出一副無助的樣子，這策略使對手束手無策，無法對弱小動物作出攻擊和撲殺。希利指出耶穌教導祂的追隨者當有人打他的一邊面頰時，把另一邊都轉過來任由他打，這教導的背後就是這種策略。這種策略「被證實為有效的，輕輕啜泣的妻子和憂心忡忡的父母均發現擺出一副束手無策的樣子，較直接發號施令，更能令他們的指示得到實踐。以性命作要脅是類似範疇的極端策略。」這種技巧也可作治療用途，特別是周旋於那種非常有主見和侵略性的當事人中。[18]以下的例子說明這種策略的治療性用途：

有一個當事人肯定地認為他對自己問題的診斷較治療師所提出的更為準確，每當治療師提供解釋時，他總會表態反對，並且提出一個他以為更精確和更有洞見的解釋，結果雙方爭持不下，而那當事人也沒有甚麼實質的轉變。最後，治療師深知爭拗只會徒然，決定採取投降策略。他讓當事人知道他根本無法與當事人那些高超的治療洞見相提並論，並且承認有一些當事人是他永遠無法給予援助的，因為他們實際上就是一羣比他更為專業的治療師。這句說話完全解除了當事人的武裝，在接續的幾次會面中，他表現得相當合作，也沒從前那麼凡事挑骨頭了。

很多教友相信他們較牧者更懂得如何牧會，這通常會造成牧者與這羣教友之間的權力爭拗。透過投降策略，牧者不單能夠使矛盾局面降溫，更可以就雙方之間的發展局勢行使更大的操控。正如希利所說：「你不可能打敗一個無助的對手。」因此，投降策略不是懦弱的標記，而是強壯的記號。

一個脆弱的牧者，或是一個意識到自己軟弱的牧者，以為他們必然註定失敗，但卻往往在一些難以相處的教友身上奪取權力。在這樣的處境中所能獲得的，就是投降者抓著了他的對手所渴望的勝利。然而，有一點要聲明的，就是投降策略通常只會在無計可施的情況下才會被派上用場，是治療師的**最後**一度法門。[19]治療師在開首的一兩個階段便採用投降策略，會被看為膽小的表現，無力為自己辯護。這種技巧只有在經過一段長期的權力鬥爭，並且持續毫無果效的情況下才會奏效。

結語

我們審視了數種治療師在易構某個處境時所採用的技巧，我並不預期所有這些技巧會適用於這本書的每一位讀者，但我深信他們總會從中尋找到一些具價值的東西。我亦覺察到有些讀者會認為這些方法不合牧者體統，因為它們時常帶有若干程度的玩笑、編故事，和裝假託辭成分——雖然我會強調說謊或誤傳牧者觀點永遠都不適宜在使用易構法時出現。有些讀者仍然覺得即使是編故事和裝假託辭都會有損牧者的身分，因為牧者在誠信上作出了讓步。但我相信志於幫助他人作出改變和活得更好才是那重要的考慮。假如若干程度的玩笑和裝假託辭能夠幫助一個人構想和實踐一個更豐盛而少痛苦的生命的話，這樣的做法並無不妥。畢竟，牧者並不是以這些技巧來對付人，而是要對付一些偏差的態度、行為和信念，這些都是那人心深處希望作出改變的。易構法是要用來掃走造成痛苦和不安的偏差狀況，容許當事人產生一些具創意的動力。這種技巧之所以能夠成功，正正由於治療師尊重當事人，並且視每一個人都是獨特的個體。耶穌趕出污鬼也恰恰因為祂深深尊重那些受著牠們控制的人。欠缺了這種尊重，「易構法將會是一個毫無內容和明顯的藉口，設計來為著治療師的個人利益，任意擺佈當事人。」[20]

而且，裝假託辭在易構法中的角色也不應過分誇張，在很多個案中，根本用不著裝假託辭。在大部分情況下，易構法都是倚賴玩笑性質，透過幽默感，以及一種輕鬆愉快而感染力強的樂觀思想來引發轉變。即使是某人經歷創傷的處境時刻，一個好玩笑的牧者也絕非十惡不赦。事實上，牧者在哀傷的處境中給予任何建議都是大錯特錯的事情，他最好在此時只採用玩笑的易構法，不多也不少。

因此，易構法並不是用來擺佈或控制別人的武器，它們是打破僵局，能夠帶來改善的方法。稱職的易構者不是「行騙藝術家」(con-artists)，這類人把其他人都看成是易騙的；他們是「專業藝術家」(pro-artists)，其創意思維的惟一目的是要幫助他人活得更精彩和豐盛。真正的操控者(行騙藝術家)透過模糊或不太模糊的兩難技巧來操控他人。相反，專業易構者關注如何幫助他人解結，以至那些受著操控的受害者可以在最後經驗上帝一直預留給他們的自由。

註釋

1. 弗蘭克(Viktor Frankl)創造了「弔詭意圖」(paradoxical intention)這個片語。*Man's Search for Meaning: An Introduction to Logotherapy*. Trans. Ilse Lasch (New York: Washington Square Press, 1963)。
2. Elisabeth Lukas, *Meaningful Living: Logotherapeutic Guide to Health* (New York: Grave Press, 1984), pp.74～81
3. Lukas, *Meaningful Living*, pp.82～83.
4. Paul Watzlawick, John Weakland, and Richard Fisch, *Change: Principles of*

Problem Formation and Problem Resolution (New York: W. W. Norton, 1974), pp.81～82.

5. 弗蘭克最先開創減少反省法。參*Man's Search for Meaning*。
6. Watzlawick, Weakland and Fisch, *Change*, pp.100～101.
7. Watzlawick, Weakland and Fisch, *Change*, pp.124～127.
8. Watzlawick, Weakland and Fisch, *Change*, pp.130～133.
9. Watzlawick, Weakland and Fisch, *Change*, pp.133～140.
10. James E. Dittes, *The Church in the Way* (New York: Scribners, 1967);Dittes, *When the People Say No* (San Francisco: Harper & Row, 1979).
11. Watzlawick, Weakland and Fisch, *Change*, pp.142～146.
12. Watzlawick, Weakland and Fisch, *Change*, pp.108～117.
13. Jay Haley, *Uncommon Therapy* (New York: W. W. Norton, 1973), pp.25～26, 298～299.
14. Howard J. Clinebell, Jr., *Basic Types of Pastoral Counseling: Resources for the Ministry of Healing and Growth* (Nashville: Abingdon, 1984), pp.109～113.
15. Paul Watzlawick, *The Language of Change: Elements of Therapeutic Communication* (New York: Basic Books, 1978), pp.150～152.
16. 重述於Harvey Mindess, *Makers of Psychology: The Personal Factor* (New York: Human Sciences Press, 1988), pp.141～142。
17. 治療師有時會採用蘭克頓(Stephen Lankton)稱為的「模糊功能作業」(ambiguous function assignment)來進行易構。治療師給予當事人某項作業(涉及一個或多個目標的行動)，接著在下週見面時詢問當事人：「你認為我為了甚麼要你如此作？」其實治療師對這項特定的作業並沒有甚麼理由，只是想透過它鼓勵當事人就著她自身的問題作出一些建設性的思考而已。牧者也可以這樣運用聖經，要求受輔導者閱讀一段指定經文(特別是一個故事)，而這段經文與受輔導者的問題並沒有明顯的關聯，但是當他們試圖猜測牧者何故吩咐他們閱讀該段經文時，會刺激他們就著自己的問題作出一些具創意的思考。參Stephen R. Lankton and Carol H. Lankton, *Enchantment and Intervention in Family Therapy* (New York: Brunner/Mazel, 1986), pp.136～152。
18. Jay Haley, *The Power Tactics of Jesus*, 2nd ed. (Rockville, Md.: The Triangle Press, 1986), pp.39～43.
19. 一個沒有那麼極端的例子是說故事，正如奧漢蘭(Bill O'Hanlon)和韋爾克(James Wilk)在*Shifting Contexts: The Generation of Effective Psychotherapy* (New York: The Guilford Press, 1987)一書中所指出的：

「假如治療師發現當事人主導著商議過程，他可以透過說故事來溫柔地、禮貌地，但卻強而有力地收復失地。當事人並不知曉那個故事，故他無從插嘴；而且他也不清楚那個故事想要表達的要點，故也無法著手展開『爭辯』。」(頁173)

20. Stephen R. and Carol H. Lankton, *The Answer Within: A Clinical Framework of Ericksonian Hypnotherapy* (New York: Brunner/Maxel, 1983) , p.338.

第二部分：

易構與牧養關顧

第三章

易構——耶穌的職事

困難是人生現實，因著我們的處理不當，困難往往因而擴充形成問題。處理不當可以下列三種的其中一種情形出現：第一種情形是簡單化，因為我們否定或約化某個問題，以至欠缺了任何需要的行動；第二種情形是理想化，我們被誤導把行動錯置在一些高不可攀的目標上；第三種情形是在一些需要二階轉變的情況中，錯誤地把努力投放在一階轉變(更多治標不治本的轉變)上。

在牧養關顧中，耶穌在世的職事往往被誤用為簡化、誤導，或是著眼在錯序轉變上。我們試圖把耶穌的職事應用在當今處境上的失敗經驗，只會叫人愈發提防提出另一個相類似的應用。然而，我會指出耶穌職事的根本關懷在於二階轉變，特別是在一些已經用上一階轉變但仍無效用的情況上。舉例來說，路加告訴我們耶穌習慣在會堂參與敬拜，並且公開宣讀聖經(路四16～30)。就在耶穌開始祂的職事初期，有人把以賽亞書遞給祂，祂宣讀著：

> 主的靈在我身上，因為祂用膏膏我，叫我傳福音給貧窮的人；差遣我報告：被擄的得釋放，瞎眼

> 的得看見，叫那受壓制的得自由，報告上帝悅納人的禧年。

當耶穌坐下，所有眼睛都注視著祂時，祂說：「今天這經應驗在你們耳中了。」祂易構了拿撒勒人的敬拜，締造了二階轉變的本質。在場的人感到訝異，紛紛述說耶穌的身世：「這不是約瑟的兒子嗎？」當耶穌告訴他們大凡先知都不被家鄉的人接納，而早期先知也不是給猶太人醫治，反而醫治外邦人時，羣眾起來要把祂攆出城去，只是祂在他們中間走過，絲毫無損。

這個易構整體地佈置了耶穌職事的舞臺，它創造了期望，但耶穌不會滿足於任何次於二階轉變的期望。如此說來，我發現易構不單是耶穌自己職事的特徵，也是那些忠誠地跟隨祂腳蹤的人的職事特徵。誠然，祂的職事其中一個顯著特色——包括它的動機和果效——在於祂委身於二階轉變，並且把這個焦點連繫在祂一生的職事。祂的教導職事——透過比喻、格言，以及先知式言論——與祂的醫治職事完全一致。這是一個銅板的兩面。藉著讓他們從不同角度思考事情、帶著新的亮光看世界，以及經驗一種全新的開放領域，耶穌在每個人的意念、心懷和肉體中，尋找到有意義的改變。這一章的目的是要確認這種二階轉變，以及耶穌的教導和醫治職事的易構本質。在接續的兩章中，我會將耶穌的教導職事（第四章）和醫治職事（第五章）中的易構方法應用在現今牧養關懷的處境上，把祂的易構技巧的果效與錯誤處理困難所造成的不恰當結果作一比較。

耶穌比喻中的易構

耶穌的教導職事包含了幾種不同的講論：敍述、格言、指導和比喻。當以上幾種講論各自展示易構的特性時，比喻卻顯得尤為重要，因為它渴望一種意義深長的改變。雖然如此，我仍會舉出一些簡單例子，說明其他種類的講論如何達至易構的效果。

在馬太福音中，著者描述耶穌在會堂裏教導羣眾、傳講天國的福音，以及醫治各種疾病（太四23）。在「登山寶訓」中，我們找到有關祂教導的首個例子，「八福」是易構的極佳例子，它們所宣稱的個人景況（即使是現在），與經文表面所展示的相當不同：「虛心的人有福了，因為天國是他們的。」（太五3）過了不久，耶穌透過一系列格言說明祂對律法的理解：「你們聽見有吩咐古人的話，說：『不可殺人』；又說：『凡殺人的難免受審判。』只是我告訴你們：凡向弟兄動怒的，難免受審斷。」（太五21～22）這當然是易構，即使在耶穌的直接教訓，就如當祂告訴跟隨者不要絮絮不休那些空洞的句子，而要「如此」禱告時（太六7～13），祂也投身在易構的過程中。

敍事者宣稱的易構

許多耶穌的比喻都關乎人際間的互動關係，祂提出一種框架，透過它讓箇中行動重新被了解。舉例來説，以耶穌説過的父親和兩個兒子的比喻為例（太二十一28～31），父親對大兒子説：「我兒，你今天到葡萄園裏去做工。」他回答説：「我不去」。但後來他自己懊悔，就去了。跟著父親對小兒子説出同樣一番話，小兒子回答説：「父啊，我去」，他卻不去。耶穌轉過身來面對羣眾，問他們説：「這兩個兒子是哪一個遵行父命呢？」

「父親的旨意」是明白這個故事的框架，它詳細説明和解釋了父子間的互動關係，若選上另一個框架會給這些互動關係帶來完全不同的意義。假如耶穌轉向祂的聽眾，問及這個故事談到甚麼關於年輕一代的話，我們便會從一個相當不同的角度去理解這些互動關係。除了回應「大兒子」外，羣眾中或許會有人大聲叫喊：「年輕一代都是一塌糊塗的，他們不是口出狂言，便是大堆謊話。」在這個框架中，兩個兒子都被譴責。然而，耶穌卻採用「父親的旨意」這個框架，迫使聽眾在兩個兒子中作出選擇：這個遵從了父親的旨意，那個沒有。「父親的旨意」和「年輕一代」是兩個不同的框架，帶引出兩組不同的結論。至於耶穌所採用的框架，卻迫使聽者重新思考忠誠的整全意義：不在乎言語，只在乎行動。

另一個例子，是耶穌向那些杖著自己的義的人說過的一個比喻（路十八9～14）。耶穌描述有兩個人到聖殿去祈禱。第一個，自義的代表人物，說出一個雄辯滔滔的禱告，他感謝上主保守他不像其他人般走歪路，繼而列出一些表達他敬虔的標誌：一星期禁食兩次、凡所得的都捐上十分之一。與此相對的，是一個同樣走到聖殿祈禱的稅吏，他不敢進到上主面前，也沒有聲稱甚麼表達其敬虔的標誌，只是低首審視自己的罪，呼求上主的憐憫。最後耶穌說出要明白這個故事的框架：「我告訴你們，這人回家去比那人倒算為**有義**了；因為，凡自高的，必降為卑；自卑的，必升為高。」

耶穌的聽眾的原來框架似乎是「別人面前的義」。從這個框架來看，比喻中的前者實在有充足理由被稱為義——他不像其他人。但耶穌卻引介了一個嶄新的框架，就是「上主面前的義」。耶穌告訴聽眾，與上主一道回家的是後者，而不是前者。為甚麼？因為上主易構了世界，使自高的降卑，又使自卑的升高。新的框架指向一位積極地搖撼根基、挑戰現狀的上主。

耶穌甚至以比喻式的方法，在一些別人向祂呈現的景況中，給予他們一個嶄新的、非慣例的框架。舉例來說，當被告知祂的母親和兄弟來尋找祂的時候，祂回答說：「誰是我的母親？誰是我的弟兄？」接著祂伸手指向祂的門徒，說：「看哪，我的母親，我的兄弟！」(太十二49)。另一次，一個男人走到祂跟前，問祂說：「良善的夫子，我當做甚麼事才可以承受永生？」耶穌並沒有回答他的問題，反而質詢那稱呼的模式：「你為甚麼稱我是良善的？除了上帝一位之外，再沒有良善的。」(可十18) 因此，在這兩個故事中，祂挑戰其他人對當前互動關係的假設，易構了處境。在第一個例子中，祂質詢那些尋找祂的人的身分。至於第二個例子，祂卻質問那賦予祂的身分。

在祂的比喻和比喻式的言論中，耶穌的教導職事以祂向聽者提供的易構為特色，挑戰他們以另一種亮光，一種他們從未遇過的參考框架，去認識處境。

由人物衍生的易構

在耶穌的教導職事中，一個更為明顯的特色是祂採用比喻中的人物來設定新的框架。那個既不懼怕上帝，也不尊重世人的法官的故事是例子之一(路十八1～8)。故事講及一個寡婦不住地來到法官那兒，說：「我有一個對頭，求你給我伸冤。」他多日拒絕她的請求，後來心裏說：「我雖不懼怕上帝，也不尊重世人，只因這寡婦煩擾我，我就給她伸冤吧，免得她常來纏磨我。」

法官，故事中的人物，在這裏設定了理解行動意義的框架。他的行為不能歸因於他富有正義感或對公義的關懷，只是他實在厭煩那個寡婦的纏磨。框架不是「公義」，而是「自利」，說明了他的行動的意思。這個比喻說明了一個人以死纏難打的方式，較訴諸他者正義感，更容易得到別人的聆聽。然而，在路加的敍述中，這個故事經驗另一個框架，就是把法官的行動與上帝為祂的選民伸冤作出比較：「主說：『你們聽這不義之官所說的話。上帝的選民晝夜呼籲祂，祂縱然為他們忍了多時，豈不終久給他們伸冤嗎？我告訴你們，要快快的給他們伸冤了。』」這彷彿改動了故事原初的框架，從為某人伸冤的主旨，演變成伸冤本身，示意那些向上帝尋求救恩的人所發出的呼求，必然會被聽到。或許它減弱了原初故事的激進性——提議訴諸他人的自利來為己伸冤。在路加的框架中，自利的動機給丟棄了，因為上帝畢竟不會以自利來作為行事的出發點。

麥子和稗子的比喻（太十三24～30）提供了另一個人物易構處境的例證。有一個人的仇敵在他的麥田裏撒下稗子的種籽。當長苗吐穗的時候，稗子也顯露其中。田主的僕人來告訴他所發生的事情，並且打算去把稗子薅出來。然而田主卻說：「不必，恐怕薅稗子，連麥子也拔出來。容這兩樣一齊長，等著收割。當收割的時候，我要對收割的人說，先將稗子薅出來，捆成捆，留著燒；惟有麥子要收在倉裏。」他仇敵破壞他的計劃因而失敗。主要的分別在於他拒絕了僕人那「解決問題的方法」——憑常理認為那些帶有侵害性的稗子需要被整除的解決方法。他認為容許麥子與稗子一同生長並不會造成任何真正的禍害，因而隨後才分開它們。這是對引至二階轉變的問題的易構。仇敵破壞他的農作物的計劃告吹了。

另一個例子是葡萄園工人的比喻（太二十1～16）。當有工人投訴不公平時，園主卻把處境從「公平」易構成「慷慨」。

有些工作了一整天的工人投訴那些只工作了一小時的工人竟然獲得與他們同等的待遇。園主對他們說：「朋友，我不虧負你，你與我講定的不是一錢銀子嗎？拿你的走吧！我給那後來的和給你一樣，這是我願意的。我的東西難道不可隨我的意思用嗎？因為我作好人，你就紅了眼嗎？」園主易構了處境，沒有針對工人對公平所提出的問題作回應，反而就處境提供了一個嶄新的框架，挑戰工人以一個全新的角度看事情：不在於「多麼的公平」，卻在於「多麼的慷慨」。

在這三個例子中，比喻的聽眾獲得了一種不同的視域，以故事人物所設定的新框架去看世界。很明顯，在這些或其他例子中，耶穌（或是福音書著者）繼續為聽眾（讀者）延伸其箇中意義。然而，對於故事聽眾的含義，就是一次徹底的改變，或是對現實的易構。

看似不行的易構

第三組比喻是那些看似無法達到易構效果的比喻，就像耶穌在拿撒勒的宣告一樣：「今天這經應驗在你們耳中了。」（路四21）結果似乎是憤怒和混亂，不是更新和解放的亮光。那些比喻既吸納不了跟隨者，反而製造了反對者。然而，即使是這樣，我仍然認為易構確實在產生果效。

其中一個比喻是兇惡園戶的故事（太二十一33～41）。一個葡萄園主打發一羣僕人去向園戶收取他的果子。當他們抵達時，那些園戶設計殺死他們。後來園主打發另一羣「比先前更多」的僕人去，結果同樣被害。園主嘗試易構處境，決定差派他的兒子到園戶那兒去，心想「他們必尊敬我的兒子」。然而，當他們看到他的兒子時，就彼此說：「這是承受產業的。來吧！我們殺他，佔他的產業。」他們顯然認為兒子到他們那裏，是由於他的父親已死，或是得了重病。殺了兒子便能分佔一切屬於園主的東西。

可見園主試圖透過差派兒子取代另一羣僕人去易構處境這計劃並不成功。這個試圖的失敗原因，是基於沒有對前兩次嘗試的結果作出充分的評估：那些園戶兇惡成性，在未將一切本應屬於園主的東西據為己有前是不會罷手的。如果他們已經殺害過兩批僕人，為甚麼不會再下毒手？一個更加恰當的易構，應該建基於倘若他們再有另一次機會必會重施故技這種判斷上。兒子的出現正好落在他們的網羅中，結果是「更多相同」。

但這個故事仍有下文。園主已經忍受夠了那些兇惡園戶，把他們殺了，把葡萄園租給別人。這或許是園主剩下惟一可用的易構，然而這個行動卻成功地易構了處境。毫無疑問，他作出這樣的回應是由於憤怒到了極點，在園戶殺死他的兒子之後，他怎能再手下留情呢？然而，如果我們考慮到說故事者的最終命運時(就是被釘死在十字架上)，正如馬太所清楚知道的，我們便意會到這個比喻本身似乎是失敗的。在這個例子中，園主(上帝)有足夠證據顯示那些與他打交道的人似乎不會「尊敬」任何人，包括他的兒子(耶穌)在內。然而，上帝卻沒有考慮到這些證據，把他的兒子暴露在這種景況中，最終只有死路一條。因此，只有透過復活故事的亮光——那最戲劇性的易構——才可以令這個比喻產生效果。耶穌的死亡被看作那富有弔詭意圖的神聖計策的一部分。在這個弔詭意圖中，上帝兒子的犧牲令那些相信祂的人能夠克勝死亡。

有一個似乎沒有用上易構的比喻，那就是隱藏才幹的故事(太二十五14～30)。這個故事的主角是第三個僕人，他埋藏了自己的才幹，因為他的主人是一個忍心的人，在沒有種的地方要收割，在沒有散的地方要聚斂。然而，當主人回來時，那僕人卻由於畏首畏尾而遭到嚴懲。主人承認僕人畏懼他是無可厚非的，但卻指出僕人應該出於懼怕而另有所為。舉例來說，他應當把本錢投資在銀行那裏，起碼給主人取個本利和。在這個例子中，僕人並沒有作出任何易構處境的努力，他以為這是一條絕路，惟有把才幹收藏起來，但是主人卻指引出路的所在。易構「揭示那些看似無法改變的景況其實是可以改變的，並且往往有一些不尋常的選擇在其中。」[1]因此，即使一個人必須服事一位「非常忍心」的主人，他仍是有出路的；即使一個僕人因為出於懼怕而做事，他仍可以選擇一個更好的做法。

耶穌以自己的易構來結束這個比喻(馬太的陳述)：如果任何人選擇以一種封閉的——反易構——思維去回應的話，他將會失去本應屬於他的一切，並且被丟到外邊的黑暗當中。相反，那些以創意、富於想像力的方式去作出回應的人，卻會獲得更多。因此，這個比喻是給予那些拒絕易構處境、或是畏首畏尾、或是安於現狀的人的一門功課。

即使在一些內在看來易構行不通的比喻中，耶穌(根據福音書著者)仍然在易構聽眾的世界觀。園主打發兒子到園戶那裏去收取果子，他並沒有意識到園戶的兇惡，直到兒子被殺為止。那個僕人由於懼怕主人，把自己的才幹隱藏，惟在主人回來要求交帳時才知道自己犯錯。這些人物沒有易構處境是這些比喻所要帶出的功課，耶穌藉此指出易構可以是生死攸關的。易構帶來生命，並且是豐盛的生命；不作易構卻會引至死亡，哀哭切齒。

透過治療行動的易構

我無意表示所有耶穌的治療行動都是易構的例子。當耶穌進到睚魯的屋子，說他的女兒不是死了而是睡著了時(可五21～24、35～43)，在某個層面上，這次行動也可算為易構(耶穌把一個其他人定義為「死亡」的處境，易構為「睡著」)。然而，這個故事除了這個易構外，明顯還有弦外之音，因為那女孩的確是死了。故事告訴我們，變化並不發生於耶穌宣稱她睡了的時候，而在於她對耶穌命令的回應：「閨女，我吩咐你起來！」這顯明了耶穌克勝死亡權勢的權能，牽涉一種更高的權威，過於祂易構的能力。就像祂的比喻一樣，祂的醫治職事經常採用易構的策略和技巧。

我打算集中提及三種帶有易構行動的治療職事。在某些治療中，耶穌以一些指定動作為藥引。但是在其他治療中，祂卻把治療處方歸因於被治療者的信心，而不是祂的權能或能力。至於第三種，祂則以一種弔詭的姿態來對待求助者。

以指定動作為藥引的治療

正如一些人所預期的，耶穌在某些治療職事中以一種權威姿態出現。但有若干次治療事件，耶穌卻作出某些行動作為治療處方，這些處方消除了內在恐慌或人際間的隔閡。

那個躺在畢士大池子旁邊多年的男人正是一個絕佳例子(約五2～18)。他一直倚賴著一個相當渺茫的治療計劃：當池水開始微盪時，他會顧盼四周，期待有人幫他進到池子中。找不著人，他便會試圖挪移自己的身體進入池子，但每次總有人較他捷足先登。雖然這計劃從未成功過，但是那人仍舊躺在這裏三十八年。耶穌問他是否想得到痊癒，接著便開出一條更為簡單的處方：「起來，拿你的褥子走吧！」那人立時痊癒了，並且站起來。除了向他傾注力量外，耶穌也鼓勵他從一個新向度去審視自己的處境。如果他可以橫向移動身子進入水池中，為甚麼他認為自己不能直起身子來呢？只是因為這個解決方法過於簡單和顯淺，以致他傾向於一個更為精細的計劃，一躺便是三十八年。我們也看到耶穌怎樣在那天易構其他人的世界，因為那天是安息日，耶穌卻吩付那人拿起褥子行走。這種破壞律法的舉動激怒了許多人。當耶穌說：「我父做事直到如今，我也做事。」(不在安息日歇工) 那羣聽眾惱怒異常，萌起殺機。

還有另一件同樣在安息日治病的事件，關乎一個枯乾了一隻手的人(可三1～6)。在會堂裏，耶穌招呼那個人走到祂面前，向圍觀的人發問：「在安息日行善行惡，救命害命，哪樣是可以的呢？」故事告訴我們耶穌怒目環視那些尋找話柄控訴祂的人，又為他們的頑梗而憂愁。跟著祂叫那人伸出手來，那枯乾的手便復原了。除了怎樣治癒那隻手的問題外，我們看到耶穌正在易構處境，當需要二階轉變，而二階轉變又是可行的時候，祂拒絕糾纏在一階轉變的爭論中。

另一個提到行動處方的治療故事，就是耶穌指示那十個患痲瘋的人去找祭司，把身體給祭司察看，他們在前往的途中便潔淨了(路十七11～19)。這個治療故事讓我們看到，公開承認疾病較隱藏病情所開出的藥方更為有效。藉著指示那羣痲瘋病患者去展示他們的身體，耶穌鼓勵他們去公開，而不是隱藏他們的景況。他們同意展示自己，因而得著醫治。當其中一個碰巧是撒馬利亞人的痲瘋病患者返回耶穌那裏感謝祂時，這個治療故事繼續引向更深一層的易構。對於只有一位外邦人回來，耶穌明顯不悅。這樣易構必定令聽眾感到不是味兒，因為耶穌肯定了撒馬利亞人是因著信心才得醫治。

在這些或其他類似的治療故事中，耶穌易構那些受困於內在恐懼或障礙的人的處境。這些提議不一定能夠幫助那些在今天同樣遇到類似問題(如恐懼症)的人立即脫離困境，但卻向許多受困於自我創造的狹隘世界、受制於那些徒勞無功的計劃和方法的人，顯示出一種破除內心恐慌或禁制，帶來戲劇性改變的處方。

歸於信心的治療

在許多情況中，耶穌都會貶抑祂的醫治能力，反而把醫治根源歸因於求助者的信心。在這些例子中，祂易構了一般的醫生與病人的關係，拒絕被視為一個無所不能的大醫生。

血漏婦人的故事就是例子之一(可五25～34)。她「在好些醫生手裏受了許多的苦，又花盡了她所有的，一點也不見好，病勢反倒更重了。」這些努力帶來「更多相同」的結果。但當她觸碰耶穌的衣裳時，祂感覺到「有能力從自己身上出去」，彷彿這次治療是祂所不情願似的。不像其他醫生，他們曾經刻意地給她治療，並且向她收費；相反，耶穌卻從未試圖幫助她。那婦人對祂能力的不問自取，耶穌實在有點不悅。當她公開承認自己作了甚麼時，耶穌並沒有聲稱曾醫好她，反而把他們之間的事情歸因於她的信心。其他人看作是自暴自棄的舉動，祂卻看為信心的表現，這一切都是易構。

還有另一個例子：一個百夫長為著一個癱瘓了、活在痛苦中的僕人來到耶穌面前(太八5～13)，耶穌說祂會親自去治好他。但百夫長回答說：「主啊，你到我舍下，我不敢當；只要你說一句話，我的僕人就必好了。」那非猶太裔的軍官明白到，他既能指揮自己的軍隊，耶穌也必能夠指揮當下的處境。耶穌希奇這外邦人所展現出來的信心，並說許多像他這樣的人，必會與亞伯拉罕、以撒和雅各一同坐席，反而那些本為後嗣的人卻被排除在外。耶穌接著叫那人回去，因著他的信心，僕人得痊癒了。再一次，醫生與病人的關係(類比於軍官與兵士的關係)給耶穌易構了：因著他者的信心，耶穌做出了治療的職事。不論是患血漏的婦人或百夫長，他們所引發出來的治療果效並非源於對耶穌的一種依存關係；相反，他們都是隨己意而行，只因他們的信心，帶來了治療的果效。

採用弔詭意願的治療

在第一類治療中，耶穌以某種行動為處方改變了處境。在第二類中，祂把成效歸因於人的信心。在這一類中，耶穌佈置了治療場景，以弔詭的態度來對待求助者。

有一個屬敍利腓尼基族的婦人來到耶穌面前，懇求祂給她女兒趕鬼(可七24～30)，但耶穌對她說：「讓兒女們先吃飽，不好拿兒女的餅丟給狗吃。」那婦人回答說：「主啊，不錯；但是狗在桌子底下也吃孩子們的碎渣兒。」這實在是一個精妙的回應，它斷言只用孩子吃剩的東西來餵養狗隻是不對的。耶穌慈聲地說：「因這句話，你回去吧；鬼已經離開你的女兒了。」在這次事件中，耶穌帶出了為何祂不施予援手的理由，但婦人卻在她的回答中成功地反駁這個理由。耶穌同意她的觀點——一個人所獲得的，不應在於別人所拋棄的——因此回應了她的懇求。

在格拉森的鬼附故事中(可五1～20)，耶穌容許那些污鬼企圖證明祂的錯誤，弔詭地治好了那被鬼附的人。當耶穌來到那些污鬼面前，對牠們說：「污鬼啊，從這人身上出來吧！」那被污鬼附著的人大聲喊著說：「你為甚麼來干擾我〔們〕

呢？」(現代中文譯本) 耶穌接著問牠：「你名叫甚麼？」牠回答說：「我名叫『羣』，因為我們多的原故。」污鬼乞求耶穌不要把牠們趕離那地方，容許牠們進到山坡附近一羣被飼養的豬裏面。耶穌同意。污鬼離開那人，進到豬裏面。那羣豬像發了瘋似的衝向山崖，投在海裏淹死了。實際上，污鬼否定耶穌有任何權力操控牠們(「你為甚麼來干擾我〔們〕呢？」)，卻正好給耶穌玩弄在鼓掌之中。牠們提出自己的解決方法，不至被趕離那個地方，卻要附在豬羣身上，萬料不到最終竟會闖下山崖淹死了。污鬼嘗試證明耶穌無權控制牠們，卻正好帶來易構和醫治。因此，這是一種弔詭：耶穌沒有開出治療處方，卻任由污鬼給祂出主意。病因本是治癒根源。這個弔詭的結局說明了亘茲拉威克的論點：一個人試圖證明某個易構為錯誤的，卻往往可能「從事於治療的最終目標」。[2] 一旦污鬼否定耶穌有任何權力操控牠們，牠們便已一敗塗地，因為這種否定成了耶穌手中的把戲。

對於耶穌在治療職事中採用易構的策略和技巧，我們還可以引述更多其他治療故事來作出支持，當中耶穌採用了不同的策略。我們提到耶穌特別採用了提出處方和弔詭意圖這兩種非常重要的易構技巧。我們也觀察到耶穌在把治療果效歸因於受助者的信心時，祂採用了比洛克策略；在回應污鬼一事中，祂選用了擺低姿態的技巧。然而，當提及耶穌用上了一些今天的心理治療師所採用的易構技巧時，我不是說祂的治療職事只有心理層面，或是祂的成果端在乎祂把易構方法運用得宜。對於福音書著者來說，耶穌治療職事的意義，肯定與祂採用易構方法無關，而是把治療職事植根於上帝國度此時此地的臨在。治療職事的目的不是要吸引人注意治療者的技巧，而是要讓人注目在他們中間的上帝權能。然而，耶穌的治療職事涉及易構的採用，為著引發那反映在上帝國度、權能和威榮的二階轉變的目的，這實在叫人驚歎不已。易構與上帝國度所共有的元素，就是對二階轉變的委身。

耶穌的教導和治療職事，在許多層面上都是獨一無二的，但不表示它們已成絕響，因為在接續下來的兩章中，我會把焦點放在牧養關懷的個案上，轉向心理治療的世界，目的是要強調耶穌採用易構與我們採用易構兩者之間的相似性，儘管耶穌與我們在時空上差天共地。這些例證的次序與我在耶穌的教導和治療職事中所曾經提供的框架，兩者間並無嚴格的關聯。雖然如此，一點點的連繫仍是存在的。

現代連繫

有效的處方

就如耶穌在某些比喻中建構了一個看待事情的新框架，以及在某些治療職事中提供了一些行動藥引，祂首要作的是對現存的和預期的框架，和那些有效的處方作出簡單的認同。[3]

有一對夫婦共同經營了一間餐廳許多年，時常就著它的管理方法爭吵不休。妻子堅持丈夫應當一力承擔，但丈夫卻抗議妻子從未放手由他去幹。他說：「不錯，她不斷告訴我應該著手打理餐廳的業務，但她卻每時每刻在我背後嚷著要我幹這幹那。我不過是一個餐廳雜工、負責看門口和打掃地方。無論是買貨、簿記，或是地板上有丁點灰塵，她都會向我嘮叨不休。」

治療師艾力遜對這個處境的各項元素作出了詳細的探究，他知道餐廳的營業時間為每天上午七時至晚上十時。妻子保管鎖匙，負責早晚開門和關門，而丈夫則去泊車和取車。事情的框架是妻子控制了餐廳大門的開關，現在預期的框架是丈夫能夠在過程中享有更大的控制權。因此，艾力遜給予他們開出了一道非常簡單的處方：丈夫較妻子早半小時返抵餐廳。由於這並沒有甚麼難度，他們欣然答應。

第二天，丈夫帶著鎖匙，早妻子半小時返抵餐廳。他開門，為當天的工作打點一切。及至妻子到達時，她完全不知所措，因為以前大部分由她負責的預備工夫，此刻丈夫都打理得井井有條。在她早上待在家裏的那半小時，亦有不少早餐杯碟和家務等著她處理，她發現這些家務很容易便佔去那未出門的三十分鐘。久而久之，她開始用上四十分鐘，甚至一小時來整理家居，然後才去餐廳。就是這樣，她發現即使沒有了她，丈夫也能把餐廳打理得妥妥貼貼。至於丈夫方面，他也發現自己確實有能力打理餐廳。一旦她明白到遲返餐廳不會造成亂子時，她也開始早早回家了。

由此可見，只在夫婦的日常行為中作出了極微小的改變——微小到他們不會作出任何抗拒——治療師已在他們的生活中帶來了決定性的改變。這是一個例子，反映著耶穌作出的同類職事。當祂判別出一條新路徑建構某生活處境時，祂會透過提出一些嶄新的、看似無關重要的行為(例如：拿起你的褥子，和在其他人都在休息的日子中作工)，幫助別人進入這個嶄新的框架中。

關乎信心

耶穌在某些比喻中以角色建構了新的框架，同樣地，在那些把轉化歸因於個人信心的個別治療事件中，也在治療的過程中加插了參與者，他建構了新的框架，讓那些需要轉化的人自願地作出回應。

許多年前，當我還是一個神學生的時候，我參與了在首都華盛頓的聖伊利莎伯醫院開辦的暑期院牧事工訓練課程。我被委派到一間長期病患者病房，裏面大部分病人已經在這間醫院待了二三十年。一個年輕的心理治療師剛被委派到這間病房，他作出了一些改變，其中一樣是在病房中央的一條柱子上安裝了一面小鏡子。在此之前，那兒從沒有鏡子或玻璃之類的東西，因為怕病人會弄傷自己。在這個處境底下，安裝鏡子本身便牽涉到弔詭意圖：玻璃，之前被視為有害的，現在卻被認為或會帶有治療功效的東西。相對於以往所引發的恐懼，新的鏡子帶來相當不同的效果。最初，那些男人戰戰兢兢、小心翼翼地走到鏡子前，害羞地匆匆一瞥自己的模樣。二三十年來，他們首次看見自己，給自己的樣子嚇了一跳。他們難以相信自己竟會如此憔悴和骯髒，這種確認自己身分的震撼促使他們向醫院要求梳子和剃刀。暑期結束時，他們的外貌作出了一百八十度的轉變，而且變得更加靈敏和活躍。

鏡子——這個系統中的小改變——在病房中製造了戲劇性的轉化。心理治療師（故事中的一個角色）透過在柱子上安裝一面鏡子這樣簡單的舉動，創造了一個新框架。這舉動意味著對病人的信任，相信他們不會傷害自己，因而鼓勵他們作出信心的回應。心理治療師不能夠（也沒有）假設這些病人必會作出轉變，他反而同意耶穌，認為是他們的信心令他們好轉過來。他引進了轉變的催化劑——鏡子——但卻是他們信心和自由的回應，令他們得著轉變。

對付污鬼

最後，正如耶穌藉著那些無法顯出易構的比喻來喚起易構，以及透過弔詭意圖來帶出醫治一樣，在這個個案中，心理治療師把握著人們抗拒易構或二階轉變的特點，達到了轉變的效果，讓他們在不知不覺間墮進心理治療師的鼓掌中。[4]

這個個案的案主叫阿祖，十二歲，住在少年收容所裏，經常在課堂上説話和搗蛋。每當他大吵大嚷時，就會被送到房間裏去。但是到了後來，他拒絕留在那兒，因而需要把門鎖上。他不甘被鎖在房間裏，於是用力地在門上拳打腳踢。收容所職員遂把他安置在地庫裏的一間獨立小室，但是他那不歇止的敲擊聲仍然遍傳整幢樓宇。職員找來了費殊(Richard Fisch)，希望他可以對男孩那不受控制的行為作點甚麼。費殊認為問題出自收容所少年與權威兩者間的互動關係，他透過向其他孩童提議一個遊戲來易構處境：每個人都去估計阿祖到底還會繼續擊打房門多久，估計得最接近的一人會得到汽水一瓶作獎勵。當各人都作出估計後，其中一個男孩偷偷地走出房間，跑到獨立小室的窗邊，大聲叫著説：「阿祖，繼續多打七分鐘，我便可以贏得一瓶可樂了！」擊打聲戛然停止。

形像一點來説，這個解決問題的方法類似耶穌的趕鬼事件：兩者皆動用了一些負面的力量去達至正面的結果。費殊沒有訴諸男孩良好的本性，反而把握住他的惡念，歸根究柢，阿祖所想的是不要幫助另一個男孩贏取獎品。因此，易構在這裏啟動了他對正面改變的抗拒，因而帶出另類效果。阿祖完全墮進了費殊的圈套。同樣令人驚訝的是費殊只需略施小計，便能得到那麼明顯的轉變。就像耶穌一樣，當污鬼把自己投進豬羣那裏時，祂只在一旁默默站著，點首示意。費殊也只是啟動了程序，然後靜觀其變。

結語

這些由耶穌的教導和治療職事所抽取出來的闡釋，告訴我們不少關於易構的重要事情。首先，我們需要認清接受輔導者由始至終用來看事情的框架，如果我們看錯或誤解了原來的框架，要尋找一個可行的易構幾乎是不可能的。如果我們觸摸不了當事人怎樣看待事情的話，便不要期望能夠另闢溪徑了。認清原來的框架——當事人賦予處境的意義——是易構過程中重要的第一步。

其次，大部分處境都可以有多於一種方法作出易構。我們來看看那兩個被吩咐到田間工作的兒子的比喻，這件事情可以仿照耶穌的實例，以不同的方法作出易構。這樣的觀察可以幫助我們不至以為相類似的處境便會引來一樣的易構。易構不能夠被普遍化，在某個處境奏效的易構，在其他類似的個案中不一定行得通。「你總不能搬字過紙式地進行易構，當中必會有些東西對應當事人的經驗。」[5]這句澄清說話解釋了為甚麼不能夠統歸耶穌的治療職事，因為每次醫治都是獨特的。在耶穌的時代，其他治療師(醫生和祭司)採用既定的模式，耶穌則按著當前的處境作出回應。我們可以從成功或失敗的易構事件中汲取教訓，但絕不可以把一個成功的易構經驗單純地套用在一個新處境中。這說明了為甚麼易構不是科學而是藝術，因為前者在類似的處境中重複相同的步驟，而後者則是世事如棋局局新。只會自我複製的藝術根本就不是藝術。

第三，在當前盛行的系統中，一些看似微不足道的選擇也會帶來戲劇性的改變。耶穌厭煩以精心設計的計劃去誘發轉變，雖然精心設計的易構計劃有它的位置，但耶穌情願以恰到好處的方法去達到預期的效果，無論在精神上或身體上，祂的干預都是最省力的。同樣地，我們應該把注意力集中在那些最容易引發轉變的動態系統的部分中，而不去理會那些頑固的、要求精心設計的易構計劃的部分，這不表示要避免作出易構計劃，而是計劃愈簡單愈好。在動態系統中的一個小轉變，也能對整套系統產生極大的重組力量。

第四，有時候受輔導者會制定他們自己的易構。易構通常來自輔導者的誘發，但在某些情況下，受輔導者會在治療師想出解決方案之前，提出他的計劃。這樣並無不妥。有些時候耶穌主導著易構的過程(正如那個躺在畢士大池子旁邊許多年的男子的事件)，但在另一些時候卻由求助者本人所主導(正如那個婦人計劃在耶穌經過時觸碰祂衣裳的事件)。在任何處境中，誰是易構的主導者全依賴當下的環境及各有關人士的資源。然而，治療師有特別的責任，就是在「更多相同」和真正的易構兩種思想間保持清晰的分別。不同於受輔導者，治療師知道其區別，因此有責任基於這種察覺和知識來辦事。

第五，耶穌的比喻和治療故事，對刺激牧者想像他們的易構相當有幫助。易構理論者經常以民間傳說、故事和歷史軼事來說明其方法，這些故事幫助他們保持其想像力歷久常新，並且時刻給予他們靈感，在輔導處境中想出特殊的易構。耶穌的比喻和醫治職事能夠在牧者採用的易構中提供類似功能，至於比喻可以怎樣對這類易構作出貢獻的具體解說，會在接續兩章的例子中陳明出來。

註釋

1. Paul Watzlawick, *The Language of Change: Elements of Therapeutic Communication* (New York: Basic Books, 1978), p.119.
2. Watzlawick, *The Language of Change*, p.124.
3. 引自互茲拉威克的例子，引自Watzlawick, *The Language of Change*, pp. 133～135。
4. Watzlawick, *The Language of Change*, p 125.
5. Richard Bandler and John Grinder, *Reframing: Neuro-Linguistic Programming* (Moab, Utah: Real People Press, 1979), p.42.

第四章

表面的輔導——個案研究

證明任何一種治療方法的價值的最佳途徑是用真實的個案說明，透過這些例子我們能夠看到該治療方法怎樣運作，以及它所帶來的果效。我們也可以用想像力測試該方法，描繪自己使用著它，看看它如何適合自己與其他人相處的個人風格。要證明易構對牧養關顧和輔導的價值，我選擇了兩個沒有嘗試採用易構的個案，讀者可以看到事情會怎樣按預期地發展下去。跟著我會討論該個案，指出可以怎樣在當中應用易構法，並且提供支持這樣易構的理據。

無酬義務（unrequited obligation）的個案

我們的第一個個案擇自亞當斯（Jay E. Adams）的著作《在輔導中運用聖經》（*The Use of Scriptures in Counseling*），[1]這是他用來說明聖經輔導進路的四個例子中的其中一個，他把這個個案稱為「同理心」（"Empathy"），但我卻稱之為「無酬義務的個案」（"A Case of Unrequited Obligation"）。亞當斯把一段發生在牧者和受輔導者之間的對話綜合下來：

「我的處境相當不同。」羅莉解釋說。羅莉，一個年

> 輕神學生的妻子，來到我這裏(她說)是由於「為了大衛，我覺得有義務去繼續工作，好讓他能夠專心學習。假如我辭掉工作的話，我將永遠活在愧疚之中，因為他需要減少課堂去工作，我知道這樣會令他的學習大打折扣。但是牧師，我告訴你，我的工作實在使我吃不消！我升不了職，因為我總被當成臨時工。我不可以告訴大衛，他會叫我辭職的。一些不及我老資格的男人比我早早升職，因為上司總喜歡說：「從電話筒裏傳來一把男人的聲音能夠贏得更多的尊重，因此，他們對於公司來說更有價值。」到頭來，我對現在所做的工作毫無動力，失卻了自信。我可以怎樣做？

亞當斯，以輔導者的身分加上一句：「羅莉的故事衝擊著你的內心，不久前你和你的妻子也處於近乎相同的景況中。你可能同情她，泛起提議她應該趁早轉工的念頭，但你並不清楚『是否還可以給羅莉作點甚麼？』你思忖著。」

亞當斯提出他對這個個案的分析。由於該出現在他書中的例子，是本於輔導中的聖經運用，因此，他的分析便圍繞著那些他認為與羅莉的困難相關的經文。

> 在這個個案中有許多可以被強調的特色，讓我很快地數算出來。首先，當羅莉說：「我的處境相當不同。」輔導者可以用哥林多前書十章13節「你們所遇見的試探，無非是人所能受的」，引述及解釋該節經文，並以自己的經驗作出強而有力的總結，來恰當地認同她。她的絕望和自憐，部分源自她那錯誤

> 的、非聖經的見解：她以為從沒有人遇上過她正在掙扎的困難。同一節經文也可以用來處理她那認定自己處身窮途的言語（誇大的言詞：「從未」、「不可能」；表達絕望的言詞：「沒法子」等等）。

亞當斯在這裏提議輔導者選用哥林多前書十章13節來向羅莉說明，她的處境並非如自己所想像般獨一無二。建立了這論點後，輔導者應該把問題中心移向羅莉與大衛的關係。

> 其次，彼得前書三章適切地提到她對丈夫的順服。她已經陷入一種可能導致嚴重婚姻溝通問題的錯誤假設中。她應該先向丈夫談及她的問題，而不應該對他的反應過早下判斷（在真實的情況中，他並沒有按照她的預計作出回應）。說得明確一點，因為她沒有告訴丈夫自己的問題，導致丈夫難以實踐「按情理和妻子同住」（彼前三7）的責任。她必須願意表白一切深深影響著他們彼此關係的事情，他才能夠做到去理解她的本分。

跟著談到她的工作處境，輔導者需要處理這方面，但不宜採用最初丈夫想到的進路（就是提議她一有機會便另謀高就）。

> 最後，在這個環節的某部分，羅莉需要面對歌羅西書三章末段所提出的聖經工作倫理觀：基督徒不是為了賺取上司的讚賞，也不是為了世俗的賞賜而工作，她所事奉的「乃是主基督」。這同一位基督會承認她的忠誠，對她說：「好！你這又良善又忠心的僕人。」

亞當斯所採取的進路是要說服羅莉作出某些改變，她需要盡守婦道「順服」丈夫（彼前三1），凡事與丈夫商量，而不是嘗試單靠自己的力量解決問題。她不讓大衛知悉她的問題，好叫他能專心讀書，這種滿懷善意的努力，實際上卻輕看了他作為丈夫的角色。她也應當對聖經的工作倫理觀更加「忠誠」，視自己為基督的僕人，而不是為了獲取上司的讚賞或升職才工作。正如歌羅西書三章23至24節說：「無論做甚麼，總要從心裏做，像是給主做的，不是給人做的，因你們知道從主那裏必得著基業為賞賜，你們所事奉的乃是主基督。」

不幸地，就著我們進行易構的目的，這個個案的資料並不整全。舉例來說，我們不知道當羅莉告訴大衛有關自己的問題時，他實際作出了甚麼回應。我們知道他的回應並不是羅莉所預期的，但實際怎樣，我們卻一無所知。缺少了這些資料會阻礙我們對真實個案的分析，以及提供易構計劃的建議。另一方面，我們已掌握了足夠資料去評估亞當斯對這個個案所提出的進路，並且根據易構原理提供一個另類選擇。

驟眼看來，亞當斯似乎提供了一個易構。羅莉質疑既然工作已經對她失去意義，她應否辭職不幹。若果無法獲得任何回報的話，努力工作到底還有甚麼意義？亞當斯以歌羅西書的經文，邀請她以另一度亮光來看待她的處境：「作為基督徒，你不是為上司工作，甚至不是為自己工作，而是為基督工作，至於你的賞賜，就是主親自提供的基業。」這不是易構嗎？

表面看來是的，但由於沒有把一切已知的事實加以考量，這不是一個真正的易構。舉例來說，羅莉以為自己不被考慮擢升只是問題的一部分，更為棘手的是因為「我對現在所做的工作毫無動力」而失卻了自信。亞當斯沒有理會她那正在腐蝕中的自尊心，也沒有指出她為基督工作，而不是為自己或其他人工作的觀念可以怎樣幫助她重拾其自我價值。因為忽略了一些已知的事實，所以亞當斯並沒有提供一個真正的易構。

除此之外，亞當斯提出改變的建議也沒有原本框架的足夠理解為依據，他似乎把這個框架看成某種「為報酬工作」。但是羅莉對處境的理解——她所賦予的意義——是更為切身的，並且與「為報酬工作」這框架所暗指的功利態度相去甚遠。其實，真正的框架是「無酬義務」。羅莉覺得對丈夫和工作都同樣有義務，但到頭來卻得到太少滿足感和鼓勵。她對回報甚至認同的渴求並無不妥，反而是她對其他人的義務感得不到足夠的回應。在工作處境中她體會得一清二楚，那些有權力有資源，可以對她作出鼓勵的人(尤其是她的上司)並沒有那樣做。我們不太清楚大衛是否同樣無動於衷，但是從她談論大衛與他接受神學訓練的態度來看，她感到對大衛有極大的義務這一點是顯而易見的。在告訴輔導者她正在失去自尊的話語中，一個沒有掛在嘴邊，但卻明顯不過的問題衝著輔導者和她自己：「有誰會以義務待我？」

假如無酬義務是羅莉處境的框架，那麼，亞當斯所開出的處方的不足之處便顯而易見了。彼得前書三章的經文用來強制羅莉要與大衛談論她的問題，因而強化了她一直對他所持有的義務感。當需要二階轉變的時候，這卻提供了一階轉變——更多相同。我們也可以同樣評論歌羅西書的經文，這只會強化她的義務框架。這些參考經文著她「要從心裏」履行她的義務，因為這是對基督徒所期望的事情。因此，除了對上司和丈夫要履行義務外，現在還加上對基督的義務——即使祂曾經宣稱祂的職事是要叫被擄的得釋放(路四18～19)。

假如她自己在選讀歌羅西書這段經文時得著鼓勵，這是一回事；但輔導者用上這段經文去勸誡她重投自己的工作，盡忠職守，這卻沒有絲毫好處。羅莉尋求輔導者幫助這事實告訴我們，她需要在她的義務框架中作出轉變。然而，如果她採取輔導者的意見，再以彼得前書三章和歌羅西書三章作為支持經文的話，她會發現愈作出改變，情況只會愈僵化，她的生命仍然圍繞著對別人的義務，完全沒有處理她那憤憤不平和失去自信的問題。

明顯地，最近在工作環境所發生的事情，開始挑戰以義務框架作為人生取向的恰當性。她的義務感沒有得到回應。她的上司覺得沒有義務去公平待她，他利用她的性別，以及聲稱相關的特徵(欠缺一把「令人尊重」的聲音)，來作為不去擢升她的基礎，而這個升職空缺本應屬於她的。不同於亞當斯所認為的，羅莉希望得到上司的稱許並非無理要求；相反，她所渴望的，以及合理地期待的，只是簡單的平等和公正。她是無酬義務的受害者。

當然，我們不應該忽略一點，就是她的上司不打算擢升她的原因是認為她不過是一個臨時工這回事，我們可以視之為她不獲擢升的一個公平和正當的基礎，可見上司自己的許可並不是惟一的原因。另一個同樣決定性(雖然不能說是更有決定性)的因素是她是一個女性，多麼奇怪的理據，這決定了一些工作能力較差的人可以較她更早獲得升遷。當要建構一個易構計劃時，輔導者始終要記住她被看為臨時工這個重要事實。

至於她的婚姻生活又如何呢？從所提供的事實看來，我們不知道大衛有沒有回饋她的義務感，但是我們知道當她告訴他工作上的困難時，他並沒有如她所願的作出回應。無論他向她說甚麼，都不是建議她去辭退現時的工作。顯然地，他認同亞當斯的解決方法，就是不去辭掉工作，只是他的理由並不清晰。作為一個打算接受牧職事奉的神學生，他可能與亞當斯一樣的看待「聖經工作倫理」。或許他會引述這個或那個的可行原因，著她留守現在的崗位，例如他們的財政狀況，或是她處境的暫時性，因此，她應該嘗試忍耐「多一點點」。又或許他會激烈地爭論，認為不肯辭職是羅莉一廂情願的自我犧牲，他大可找工作做，頂多減少課節而已。假如他真的提出這樣的理由，我們不需要假設他以一種自我服事的態度來鋪陳這個理由(「我讀神學是我自己的意思」)，也許他這樣做只是要讓他們能夠在神學院待久一點。無論是哪一個答案，我們都可以假設他的建議是基於神學原則(「聖經工作倫理」)或實際考慮，並沒有考慮到羅莉的自尊心受損問題。大衛是否對她沒有任何義務，要去弄明白她沒有在自我形像上受到負面的影響，是基於他們共同生活的結果？大衛對她的疏忽所造成她的自尊心受損，相對於上司的尖酸刻薄，其罪名是否較輕？

我們得出的結論是：羅莉的生活行為表現全在於她那義務的框架，而這個框架開始帶有自我毀滅的傾向。因此，設計一個可以達至二階轉變的易構變得刻不容緩，問題是怎樣達至。明顯地，任何有效的易構都會連繫上一些她曾嘗試過，但卻失敗了的解決方法。她曾與上司討論過有關他不考慮擢升她的事宜，但所得到的只是一些令人不甚滿意的答覆。她曾與大衛交談過，但他的回應卻不在她的預期之中。可見她與那些涉及她的義務框架的有關人等討論問題根本是徒勞無功的。當以為這條進路合情合理之際，它卻沒帶來甚麼效益。事實上，她曾與上司和丈夫談及她的處境，但到頭來只增加她的義務感，陷入兩難處境。愈多事情改變了，情況卻只有愈多的「更多相同」。

我們需要一條不同的進路。我同意亞當斯那條不是為了羅莉辭掉工作的進路——起碼直到她嘗試過那以易構原理為本的另一條進路為止。這另一條進路會建基在她現時工作的臨時性質這事實上，她不需覺得要辭掉工作，同時也不用視它為長期委身。因此，這份工作提供了一種處境，在其中她可以多方面經驗她的義務感，是她不情願在婚姻中遇上的，因為後者她看成是一種長期的委身；或者在隨後的工作中，她會看得更為持久。換句話說，易構會集中在她的工作處境中，說得具體一點，就是她的自由，作為一個臨時員工，以一種嶄新的和與別不同的途徑去經驗她的義務感。

這種新的局面怎樣運作？怎樣才算是一個行得通的易構計劃？回想一些看似無關痛癢的行為改變或許會達成易構，餐廳東主的個案便是一個好例子。安排丈夫較妻子早到半小時，在他們的工作關係中造成了明顯的不同。另一個好例子來自牙醫助護的個案，她害怕犯大錯而遭解僱，因此易構就是要她每天故意犯下一些雞毛蒜皮、無傷大雅的錯誤。迫使她集中思緒設計和實踐這些小過犯，她發現自己根本沒能力做出一些她一直害怕會犯下的大錯誤，因為要犯上一個小過失其實也不容易。

同樣地，如果羅莉每星期都故意犯上一兩次過失，導致該組織——在上司的領導下——的效能下降的話，她的處境或許會得著易構。她可以「無緣無故」在一份她所預備的報告中遺漏一些重要的細節；或者「遺失」一份給某個正在籌備計劃提供資料的文件；或者「忘記」向上司或其中一個獲提拔的男同事轉達一些重要的資料。每一個過失都必須是獨特的和無法預料的，令她的上司不可能輕易看穿同一種不負責任的模式。那些錯失不要過於突兀，其嚴重性也不可太大，以致他有開除她，或發警告信和嚴厲譴責的理由。它們可以是小過失，但卻有明顯的刺激作用，造成混亂和干擾——足夠讓她品嚐到復仇的滋味。這些過失也不應令她的生活更加難過，它們應該對上司和他的同僚造成困擾，然而，更重要的是能夠讓她感受到上司不能再有效地操控她。他縱然能夠剝奪她那應得的升職機會，但是她卻有能力擾亂他的生活，不容他破壞她的士氣。

她能夠運用這種能力，給她的自信心提供了全新的基礎，她的自尊不再需要單單透過討好那些與她共事的人的歡心而建立，而是發現尚有其他更為內在的資源，能夠幫助她建立自信心。她的自信心不再倚靠要比別人更好的辦事能力，也不再建立在她渴望從別人身上得到的鼓勵，而是在於她有能力掌控自己的生命，不論她是否得到別人的讚賞。

亞當斯能夠從聖經中找到若干經文來支持他的進路，同樣地，我也可以替自己的易構計劃找來聖經支持。一些特定的哀慟詩篇支持我就她的處境所作出的診斷評估，至於那不誠實管家的比喻(路十六1～8)也帶出了所提及的易構。哀慟詩篇，特別是詩篇六十二篇、六十四篇和八十六篇，幫助我們感受到她因著遭受不公義對待而經驗到的痛楚，亦讓我們注意到不公義所觸發她的憤怒情感。這樣的不公義在詩篇八十六篇的經節中表露無遺：「上帝啊，驕傲的人起來攻擊我，又有一黨強橫的人尋索我的命，他們沒有將祢放在眼中。」(詩八十六14)她的自尊受到不公義對待的影響，在詩篇六十二篇的經節中表達了出來：「你們大家攻擊一〔婦〕人，把他〔她〕毀壞，如同毀壞歪斜的牆、將倒的壁，要到幾時呢？」(詩六十二3)

對於她不獲擢升的原因，上司給予了不可理喻的解釋，觸發了她既無助又渴望復仇的情緒，正如詩篇六十四篇所表達的：「上帝啊，我哀歎的時候，求祢聽我的聲音；求祢保護我的性命不受仇敵的驚恐。求祢把我隱藏，使我脫離作惡之人的暗謀和作孽之人的擾亂。他們磨舌如刀，發出苦毒的言語，好像比準了的箭，要在暗地射完全人。他們忽然射他〔她〕，並不懼怕。」(詩六十四1～4) 這些經節正確地把上司不予她升職的不公平待遇描述為「暗謀」和「擾亂」，而且恰當地把他的解釋形容為「苦毒的言語」，像箭一樣，從他安穩的位置射向她。這些經節除了代表她向那些從陰暗處發出言語的敵人表達憤怒外，同樣反映著上司那句斷言——「一把男人的聲音能夠贏得更多的尊重」——所不經意帶來的反諷。他的說話否定了這個斷言，不論是羅莉或是其他人，怎能尊重一個抱持這樣主張的男人？正如詩人所言，他會尊重一個光明正大、明刀明槍的敵人。但是羅莉的上司卻坐在寫字桌後邊，擲出惡毒的倒鈎——「一把男人聲音」——這令羅莉無計可施。

沒有人給她提供易構計劃，她能怎樣做？她可以威脅辭職，但這樣做卻正中上司下懷，顯出她變幻無常的性格，還印證了他的提拔政策，乾脆接納她的辭職，另聘他人。她可以以遭受歧視這種理據作要脅，但他必然會否認曾經說過男性獲得升職優先權是因為他們擁有深沉聲線這類說話，反而會指出羅莉不獲考慮是基於她是一位臨時員工。她所能做的就是易構計劃所提議的：運用自己的「暗謀」伏擊他。她不可能以其人之道還治其人之身，而她也真的不想這樣做，為甚麼要跟著他的遊戲規則？然而，對於他給她的自尊所造成的傷害，她能夠也應該作出報復。

毫無疑問，有些人會認為這樣的報復行為是錯的，不合基督徒體統。有些人會辯說我們應當聽憑上主給自己伸冤（羅十二19）。然而，這類情感卻在哀慟詩篇中經常出現，詩人尋求上帝的幫助，向他們的敵人進行報復。例如在詩篇八十六篇16至17節中，詩人便懇求上帝「向我轉臉，憐恤我，將祢的力量賜給僕人，救祢婢女的兒子。求祢向我顯出恩待我的憑據，叫恨我的人看見便羞愧，因為祢——耶和華幫助我，安慰我。」羅莉來到牧者那兒，尋求可以改變處境的方法，希望上帝站在她那邊，稍為改變一下處境，讓她可以回復信心。那個提出來的易構方案，在向敵人作出報復上，實質只是一個相當溫和的計劃，其目的不單是為了成功報復，而是要讓她獲得一種從未經驗過的權能感。一直以來，她都慣於服膺在別人的權威下，但今趟別人卻要臣服於她。如此這個易構計劃便給她提供了基礎，讓她經歷上帝因著喜悅她而給她的好處，尤其在重建自信的形式中。因此，渴望報復的意念不被否定，也不被視為不合基督徒體統。但是報復也絕非目的本身，只是用來推動她採取易構計劃而已，其目的是要幫助她重建自信，並且找尋一個比義務框架更能替她帶來自尊的基礎。

因此，在評估羅莉的處境上，哀慟詩篇極其有用，它們攫取了她被圍困折磨、遭受四面楚歌的感覺。它們相當深刻地表達了她正在經驗的感受，並且讓輔導者更能表達其同理心——正如亞當斯對這個案所認為的。它們使我們感受到羅莉對那些曾經傷害過她的人的憤怒情緒，亦讓我們認清她要親自進行報復的渴望，這種渴望雖然沒有溢於言詞，但卻真實存在。它們亦幫助我們明白到對她的處境進行易構，必須顧及她的感受和渴望，不單視之為合理的，更要視之為完全合法的。羅莉是這次嚴重不公義事件的受害者，儘管她抱有報復的念頭，輔導者也沒有權利和理由去質疑這些感受，反而他有責任確保這些渴望不會以一種對羅莉本人具有破壞性和明顯地不道德的途徑宣洩出來。我們知道了羅莉的理解，就是她的義務框架，我們會發現，她會做出一些對自己具有破壞性的事情，較道德與否更為危險。她或許會拒絕提出一些與基督教信念——不可「以惡報惡」——相衝的計劃，然而，基督徒也不應任由他人破損他們的靈性。她的上司能夠，並且會照顧自己；問題是羅莉能否透過培育上帝給予她的靈性(這是真實自信的終極根源)，開始去照顧自己。

我們的第二個支持這個易構計劃的聖經資源是不誠實管家的比喻(路十六1～8)。

> 耶穌又對門徒說：「有一個財主的管家，別人向他主人告他浪費主人的財物。主人叫他來，對他說：『我聽見你這事怎麼樣呢？把你所經管的交代明白，因你不能再作我的管家。』那管家心裏說：『主人辭我，不用我再作管家，我將來做甚麼？鋤地呢？無力；討飯呢？怕羞。我知道怎麼行，好叫人在我不作管家之後，接我到他們家裏去。』於是把欠他主人債的，一個一個地叫了來，問頭一個說：『你欠我主人多少？』他說：『一百簍〔每簍約五十斤〕油。』管家說：『拿你的帳，快坐下，寫五十。』又問一個說：『你欠多少？』他說：『一百石麥子。』管家說：『拿你的帳，寫八十。』主人就誇獎這不義(或譯作不誠實〔現代中文譯本〕)的管家做事聰

明；因為今世之子，在世事之上，較比光明之子更加聰明。

這個比喻並沒有在各項細節上吻合羅莉的個案，但卻有若干重要的對照點。沒錯，羅莉沒有被控告浪費主人的財物，也沒有受到被解僱的威脅，但在她和上司之間卻出現了矛盾，這使她考慮到辭職的可能性。此外，在這兩個處境中，我們會看到僱員被針對，而且是犧牲的對象，結果兩者皆陷在困難的處境中，需要具創意的回應。那個不誠實的管家利用他離開主人前的最後一次工作機會，就是要把帳簿交代清楚的任務，聰明地以此作為報復手段，並且為自己被解僱後安排一個較為有利的位置。這裏所提出的易構計劃與羅莉的實況有點相似，當羅莉不獲提拔，但卻仍然受僱期間，她有「義務」受命於上司，同時也可好好利用這個處境。透過易構，這個「義務」成為她的有利武器。

與不誠實管家的例子一樣，該易構計劃確保了重要和長期的利益，即使羅莉遭受解僱後，該利益仍能持續好一段日子。羅莉由易構計劃所體會到的長期利益將會為她的生活框架(義務的框架)帶來恆久的改變，這也會表現在她的自我價值的恆久改變上。這些改變基於由一個自我挫敗的義務框架轉化為一個個人能力提升的自我鼓舞框架。

該比喻以主人稱讚管家的精明作為結束，我認為耶穌想藉此教導「光明之子」學習這類智慧。在羅莉個案中所提出的易構計劃極可能不會帶出相類似的結果，很大程度上是由於她的上司不如管家主人般具有洞見，他可能並不察覺羅莉所做的事情。然而，管家知道他的易構計劃能夠為他在不獲主人聘用時帶來正面的後果這一點，卻能夠直接應用在羅莉身上。發現到自己有能力給上司與他那夥人製造混亂和使他們感到狼狽，而毋須過於專注自己的情況，她明白到原來自己是有能力反擊那些傷害她自信心的人。

值得一提的是即使主人也沒有責難他的管家，同樣地，作為說故事者的耶穌也沒有責難他。從道德立場來看，管家的行徑的確帶有問題，但耶穌卻稱許他的靈巧。如果羅莉對這裏所提出的易構計劃感到不安——基督徒「以惡報惡」是否合宜——輔導者可以引述這個比喻作為例子，指出耶穌對工人在一個相當絕望的處境中巧妙地利用個人優勢的讚賞，並不如她所以為的那樣。明顯地，我們不鼓勵羅莉做出一些不道德的行為，也強調不會提議她做出任何可能會使其他無辜者受到傷害的「錯誤行為」，即使那樣會為她帶來利益。就像在比喻中，其意念不是要對任何人帶來無法彌補的傷害，而只是令那夥叫她感到羞辱的人不安和恐慌。倘若耶穌能夠讚賞那個行為明顯是不道德的不誠實管家，那麼羅莉的易構計劃便肯定符合基督徒體統。相反，容許別人破壞我們的靈性，把我們的生存光景扔在活生生的地獄中，這才算作與基督教信仰相抵觸。

由此可見，以不誠實管家的比喻來支持所提出的易構計劃，表明了我對何謂「事奉基督」的理解，與亞當斯所持的解釋截然不同。在他的觀點中，事奉基督就是要羅莉接受加諸她身上的不公平待遇，摒棄一切追求屬地獎賞的思想，並且單為基督的榮耀工作：「無論做甚麼，都要從心裏做，像是給主做的，不是給人做的。」(西三23) 然而，不誠實管家的比喻說明了藉著與一些我們有理由不去信任他們的人的交往中運用某些精明技巧，我們也可以榮耀上帝。耶穌問：為甚麼今世之子比光明之子還聰明？透過她與上司兩者關係中的一些靈巧智慧，羅莉實際上榮耀了上帝。主動地走到上司面前了解不獲擢升的原因並非愚蠢的做法，但是現在需要不一樣的進路——一條沒有那麼直接、相當坦率和更為顛覆性的進路。那本該屬她的擢升不會因著這樣的易構而重回手中，但是在採取這條進路的過程中，她可以建設性地處理自己的哀傷——「我正在失去自信」——以及上主的哀傷：為甚麼今世之子比光明之子還聰明？

結語

我不認識羅莉，也沒有任何關於她的個人資料，因此我無從知曉她會如何回應我所提出的易構。或許真正的羅莉會較為傾向亞當斯所提倡的牧者干預(雖然我從未遇過一個女性不會覺得他的提案過於冒犯)。另一方面，或許我的提案對真正的羅莉而言是不切實際的，她會視之為非基督徒(非神學生妻子)的觀點，或是單純地認為這種「不負責任」的行為並不存在於她的行為模式中，不可破壞她一直持守的信念。又或許她會反對這個計劃，認為它軟弱無力，不夠直接。這個例子需要不同易構的嘗試，正如我們所看到的，易構是處境為本的：「你須要找出一組有根有據的信息接收系統，當中以特定人物的世界模式為藍本。」[2]

要實際地試驗這個提出來的易構方案，我把它引進牧養關顧和輔導學的初階班中，發現在四十個神學生中，只有三個願意向羅莉提出這個易構方案。許多同學認為這個易構方案反映的是「舊約倫理」，當中認為向傷害自己的人進行報復並無不妥。然而，這種倫理觀已被以愛為基礎的基督教倫理觀所取締，包括要愛自己的仇敵。但是當我問及這些學生如何進一步考慮到愛的倫理，並且以此來易構處境時，他們均對可能出現的易構感到不確定和模糊。這種不確定不會令學生們所建構的論點變得不可信，但也不會對活在這個世界上的羅莉帶來任何好處，它沒有認清任何看仁愛過於公義的基督教倫理都根本不值一提。許多對這裏所提出的易構計劃投以反對票的學生，提及他們自己也曾在其工作經驗中作過相類似的事情，更有些人甚至事後承認，他們渴望自己曾經如此作多一點。

還有一點值得一提的，是易構計劃需要經常作出回顧和檢查。某輔導者是否提議採用這個計劃，他得首先對羅莉安排一次或多次的探訪，目的是為了進行評估。我希望這樣做不單會幫助羅莉重建她早已失落的信心，而且會提供一個嶄新的基礎，讓她發現她作為人的價值，不在於她能夠無時無刻地作個順服和忠於本分的人。然而，這個計劃也不一定達到意料之中的果效，果真如此的話，我們需要以另一個易構計劃取而代之。易構計劃不可以固化，它們時刻被回顧和評估。在這個特殊的例子中也一樣，該易構計劃是充滿彈性的(例如容許羅莉在某段時間內需要犯上錯誤的數量)，大部分行使這個易構計劃的主動權仍然掌握在她手中。

我明白到真實的羅莉不單會抗拒這裏所給她提出的易構計劃，還會質疑輔導者的能力和誠信，繼而説再見。即使事情如此發生，我也會為到自己曾經給她提供一個以哀慟詩篇和不誠實管家的比喻為基礎的嶄新「框架」而覺得心安，因為我沒有試圖以彼得前書三章和歌羅西書三章來強化她的現存框架。我並無意指彼得前書和歌羅西書的經文屬於次等經文，我只想指出它們被亞當斯利用來強化羅莉的現存框架，因而破壞了基督教福音，正如我們較早時曾經看到耶穌的比喻和醫治職事上所啟示的，基督教福音根本上是交託在易構裏的。歌羅西書的經文挑戰我們要「從心裏服事基督」，我聲稱這個易構計劃會為羅莉帶來實質的挑戰；我也極力褒揚那些採用易構藝術的牧養輔導者，相比於那些故步自封的人，更能體現怎樣才是「從心裏服事基督」的意思。

註釋

1. Jay E. Adams, *The Use of the Scriptures in Counseling* (Grand Rapids: Baker Book House, 1975), pp.81～83.
2. Richard Bandler and John Grinder, *Reframing: Neuro-Linguistic Programming* (Moab, Utah: Real People Press, 1979), p.42.

第五章

治療烏托邦——個案研究

接續下來的個案所聚焦的處境，是堂區牧者經常碰到的，他們通常以非正規的牧養關顧來處理，甚少採取正規輔導，這就是父母與青春期子女之間張力與衝突的問題。有時候這些衝突嚴重到一個地步，促使牧者提出正規輔導。然而，很多時只以非正規的處理，來作為牧者與該家庭持續關係的一部分。這個個案說出易構在非正規的牧養關顧中也能起著相當有效的作用。由於這個個案涉及一個年輕人，這說明了易構可以運用在不同年齡的羣體中。事實上，易構對於年輕人來說尤為有效，因為它並不需求持久或長期的輔導。

這個案亦幫助我們探索在牧養關顧中一個糾纏不清的問題：我們怎樣測定何時才需要二階轉變？許多牧者會把這類個案當作那些只需要一階轉變的個案來處理：只需要作出恰度調整，毋須任何戲劇性的改變。然而，以這樣方式去關顧青少年往往只會讓人感到困惑和洩氣，因為我們只提供了一階轉變，而實際上他們所需求的是二階轉變。並不是因為問題太過嚴重，又或是由於當事人不夠成熟而突顯出二階轉變的適切性，實際上，很多牽涉青少年問題的最初情況都不是那麼嚴重，正是由於採取了一階轉變，才把問題愈弄愈糟。

一個胸懷抱負的個案

這個案涉及兩個主要人物：一個名叫麥安迪(Andy McCallister)的十五歲男孩，以及一位名叫贊卡爾(Carl Jensen)，幾可作為麥安迪角色模範的年輕助理牧師。卡爾在一間位於明尼亞波里斯商業區的教會工作，負責少年事工。安迪雙親屬於教會的中堅分子，而他亦活躍於少年羣體中。安迪父親發覺卡爾已有一段時間沒有和安迪交談，覺得卡爾是時候找安迪談談了，因為安迪最聽他的話。過了不久，麥太太留意到安迪出現了一些個人問題，她認為卡爾可以幫上一把。她提到安迪近來身體不適，但醫生卻看不出他到底有甚麼毛病。她推測安迪討厭現正就讀的學校，因而詐病不上學。她又向卡爾提及安迪曾表示想轉到一間有較強戲劇科課程的高中，因為他已經決定了將來要當演員。她以為安迪有這樣突如其來的決定，與教會裏一個名叫茱迪的女孩展開荳芽夢有關，茱迪早前獲另一間高中取錄修讀戲劇藝術課程。麥太太告訴卡爾她已多番勸喻安迪放棄做演員的念頭，因為這是一條相當艱難的路。她清楚地暗示希望卡爾會多加兩分力，覆述她曾向安迪説過的話，利用他對她兒子的影響力，嘗試改變他的職業選擇。

明白到該對父母的意思，卡爾打電話給安迪，提議放學後找一間快餐店相聚，安迪表示同意，事情便這樣搞定了。在見面之前，麥先生向卡爾提及安迪曾經問他，他的父母親是否這次會面的幕後黑手，目的是把卡爾拉攏過來，為要勸他放棄演藝事業。麥先生承認曾向卡爾提及他們兩人坐下談談會有好處。他也表示直到目前為止，他並沒有設下任何隱藏議程，也沒有期望卡爾站在甚麼立場。我們不知道他是否知曉麥太太曾經找卡爾談話，那次談話把這種期望清楚地表達了出來。安迪和卡爾在快餐店安頓下來，展開了以下的對話：

卡爾：學校生活好嗎？

安迪：很好！我喜歡學校。過不多久我便會升讀高中了。

卡爾：你覺得自己喜歡甚麼科目？

安迪：我不知道。(停頓片刻)我喜歡演藝，希望能夠升讀傑克遜高中，在那兒我可以主修舞臺演藝。

卡爾：你認真的？

安迪：對，但你知道要先通過試演才能入學，我的爸媽就正在給我上聲樂課。

卡爾：那麼你會以唱歌來試演？

安迪：不錯，或許是這樣，唱歌或演戲。茱迪也在那兒升學，她會在教會聚會後教我的，她甚麼也懂。

卡爾：茱迪？

安迪：是啊，費茱迪，你知道她就是有份在教友晚會中演出的那個女孩。

卡爾：噢，記起了，她是個漂亮的可人兒。

安迪：她簡直完美無瑕！不論是唱歌、跳舞或演戲，她樣樣皆能，而且她相當漂亮！

接著安迪說茱迪剛與一個二十一歲的男演員兼模特兒分了手。茱迪的媽媽喜歡安迪，因為她認為他不像茱迪的其他朋友，他會給茱迪帶來好影響。安迪發現他的父母親並不反對他與茱迪來往，只是「擔心她的貞操問題」。談話繼續：

卡爾：或許你可以給她帶來好影響。

安迪：她做得很好，昨天她戒了煙，我告訴她吸煙會引至肺病。

卡爾：嗯，真好。(停頓片刻) 你打算升讀傑克遜高中，到目前為止你有甚麼計劃嗎？

安迪：嗯，我遲些會報讀聲樂課程，而我現在也有參加學校的戲劇班，老師還說我很有天份呢！

卡爾：正如你所說的，我從沒發現你那麼喜歡表演。

安迪：當然，你忘記了我曾在教會做過話劇嗎？我也曾在學校裏演出過好幾次。

卡爾：看來我不需要告訴你演藝事業有多困難了。

安迪：我知道，爸媽也不想我幹這一行，他們說這太辛苦了。

卡爾：嗯，安迪，如果你對此有興趣，你便得嘗試接受一些優質的訓練。你已準備報讀聲樂課程，這對你必定大有好處。

他們繼續閒聊其他話題，過了一陣子，他們離開快餐店走回車子，然後開車前往安迪的住所。在車廂裏他們繼續談話。

卡爾：看來你對事情的發展頗為滿意，是吧？

安迪：我想是的，我看不出這有何不妥。

卡爾：你甚麼時候開始上聲樂班？

安迪：我不知道。(停頓良久) 說來真有趣，你知道我爸媽不想我幹這一行，但是在兩年前，我在教會裏演過話劇，當時他們讚口不絕，說我極有演戲天份，倘若我有興趣的話，他們會不惜代價來幫助我達成願望。現在我想走上這條路，但他們卻食言了。

卡爾：或許他們認為你並不是全心想演戲，只是為了茱迪。

安迪：不錯，我知道他們就是這樣看我。然而，在我未認識茱迪之前，我已經考慮過這一門職業了。

卡爾：那麼，即使那些學校資料不是茱迪遞給你的，你也會仔細察看。對吧？

安迪：我可能會。我想我會的。

卡爾：很好，那麼努力幹吧，讓我們走著瞧。

安迪：我爸媽總是告訴我這有多困難，就像我的兄弟學習意大利文一樣，〔模仿著爸媽的語氣〕說：「真的很難噢，安迪，我搞不清你到底是否喜歡這樣子。」〔回答他們〕「閉嘴！」他們總是嘗試向我潑冷水！

過不多久，他們來到安迪家門前，安迪跳下車子。卡爾伴隨他入屋，與其他家庭成員閒聊幾句，然後離開。

在對這個個案的分析中，卡爾覺得他所作的，不但沒有勸阻安迪，反而在鼓勵他。與此同時，他也相信安迪不會持久演戲，這基於安迪正值少年時期，他知道我們大多數人都不會按著十五歲時所曾考慮過的工作當作人生的職業方向。其次，當安迪被問到是否喜歡演戲時，他回答說「不知道」，停頓片刻後他才說想當演員。這些不確定的回應似乎支持了卡爾的直覺，假如他父母親的言行不再觸動安迪的防衛系統的話，他或許會轉移他的職業取向。第三個卡爾認為安迪不會成為演員的原因是他覺得安迪是一個很自卑的人，他不過是想藉著演戲來吹噓其自信心罷了。在卡爾看來，這導致一個弔詭的出現：「因為這一行（舞臺演藝）經常讓人吃閉門羹，對一些自尊心低的人來說這簡直是一場惡夢。本來以為可以透過正面評價來增強他的自信心，倒頭來卻因為一些負面評價令他僅餘的自信心也蕩然無存。如果安迪真的要追求演藝事業，那麼碰壁撞板將會叫他卻步。」

這個案暗藏著易構，要看清這點，得倚賴實際處理這個案的手段，不然難以察覺當中的選擇。卡爾並沒有把這個案當作需要易構來處理，他最主要關心的在於對安迪表示支持。與此同時，他希望能夠勸喻安迪現實一點，假如他真的想追求演藝事業的話，他需要在今天開始就作好準備，更要明白箇中的困難和風險。這些關懷都屬於一階轉變的範圍，當中並沒有任何易構處境的系統性嘗試，也沒有刻意的努力讓安迪從一個全然不同的角度來看待這件事情。

或許有人會問我，是甚麼原因令我那麼肯定需要刻意的努力去易構處境？有兩個原因促使我要求易構。首先，安迪感到自己正在兩難之間：他的父母較早時曾鼓勵他投身演藝，但現在卻以此行危機重重來警告他。這些一階轉變的努力，就像這對父母親所嘗試的，對這種兩難景況毫無果效，只會愈幫愈忙。其次，安迪父母親所曾經採用的解決辦法並不管用，他們本來想透過告訴安迪演戲是何等困難來讓他知難而退，但這卻令安迪更加反感：「他們總是嘗試向我撥冷水。」另一方面，他們企圖把卡爾拉攏過來，勸喻安迪改變初衷，此舉更令安迪疑心重重。那些採用過的解決辦法不單沒法帶來任何果效，反而讓問題愈弄愈糟。因此，採用由易構引發的二階轉變不單是適合的，而且是最可行的現成選擇。

這個易構可以怎樣開展呢？麥先生和麥太太以為可以透過讓安迪現實一點，著他考慮到演藝事業的極端困難而勸阻他，結果徒勞無功。卡爾從另一個方向著手，在他第二段與安迪的談話中，他觀察到安迪渴望成為演員的夢想並未走得太遠。倘若一個人真的擁有演戲天份的話，他應該設想得更具野心，計劃一個宏大、更富遠象、更能反映無拘無束幻想的未來！換句話說，安迪的遠象是否足夠？

他的目光是否過於短淺？他是否太功利、過於現實，不夠理想主義呢？

假如安迪以為卡爾不過是想勸他考慮其他職業的話——微妙地譏諷他要成為演員的渴望——一個最恰當和誠實的回應是：「不！我不是這個意思，我不是説其他職業比你現時所想及的更好，只是從我的立場來看，你似乎過於實際了，不夠眼光闊大。不是因為你要演戲讓我操心，而是你太過綁手綁腳，把自己困在一些既定的限制裏。」

假如卡爾採取這條進路的話，他就是基於質疑安迪最終會放棄演藝事業——這個因為他父母親曾經咄咄迫人而促使他努力追求的職業。然而，卡爾不會試圖用安迪父母親所曾説過的原因（對他來説演藝實在「太困難」了）來勸喻他放棄這個選擇，這些原因都是安迪正要反對的。同樣地，他也不會質詢安迪想成為演員的動機，正如安迪懷疑父母親所做的，把他突如其來的渴望歸因於他對茱迪的迷戀。取而代之的是卡爾認為安迪的自尊心才是真正的問題所在。他的自信心，打從母親把他看扁，認為他無法勝任這項職業的時候開始，便已經逐步被擊碎。與父母親所採取的進路相反，卡爾反問安迪是否太過實際，目光太過狹隘，太受自己的思想束縛，不夠天馬行空。卡爾從一個與安迪父母親全然對立的角度來處理這件事情。

這個易構與亙茲拉威克、韋克蘭和費殊在處理烏托邦問題時所提出的相類似：

> 就著處理誇張目標所引發出來的問題，常理提供了它的最佳方法，就是指出它們實際上的瑕疵和謬誤，希望那些追求烏托邦的人能夠看破它們。在人類的

> 困境中作為既定原則，常理解決辦法是最弄巧成拙，有時甚至是最具破壞性的一種。試圖把「現實」注射入烏托邦中，經過回應者的引介（常理vs烏托邦主義），確立及維持了一階轉變的死胡同。[1]

那麼治療師怎樣在這個案中尋求二階轉變的目標呢？

> 一個非常好高騖遠的人對任何企圖勸服他調低目標及現實一點的做法都不會表示友善。對於他來說，這無疑是要他退縮到一種可憐的、頹喪的生活光景，因此，常理的詞句是最不切實際或最沒有成功指望的。他所能理解的正正只有烏托邦的詞句。毫無疑問，常理會窒礙那些需要對他作出改變的思想，然而，我們曾看到處理悲觀主義者的方法是要比他更為悲觀；相類似地，當那些追求烏托邦的人被引領到他們的能力範圍以外時，他們通常會很快撤回自己的烏托邦夢。[2]

為了解釋這一點，著者們引述了一個個案，關乎一個二十九歲，患有精神分裂症，為自己訂立了一個極其宏大計劃的男病人。他打算在山卡亞（Ravi Shankar；譯按：印度弦樂大師，曾為披頭四成員佐治夏里遜的啟蒙導師）門下學習西塔琴（sitar），以致他的音樂造詣能夠影響西方世界；與此同時，他要學習中國的農耕技術，為要餵飽地球上每個饑民。「當治療師原則上同意這些目標，但總認為它們不夠遠大時，病人會開始提出一些野心沒那麼大的計劃作為抗衡，這便是我們所稱為的中途歇腳站（halfway house）。」面對這個較為實際的提案，治療師回應說，涉及中途歇腳站的意念「是無可厚非的，但是時刻牽掛著實際情況，肯定會限制你運用更高層次的想像力去創造鴻圖大志。」病人回答說：「每次我要進到更高層次，便愈覺得抽象，它需要時間去釐清，但我卻沒有——你知道，我一點也沒有——我經常被這些又大又實際的問題纏繞著，你知道我需要面對它們——我花光了錢財，我得盡快做點甚麼——這就是問題所在。」著者作出結論：「透過不斷地採用這種技巧，治療師可以把對話帶到愈來愈實際的層面。」[3]

明顯地，那位患有精神分裂症的二十九歲青年較安迪擁有宏大得多的意念，而且對於一個少年人而言，渴望成為一名演員也不是甚麼病態現象。然而，與安迪個案的相似之處，在於他的父母親認為他要成為演員的渴望是一個烏托邦，因而以常理來回應他那「浮誇的目標」，指出當中的實際瑕疵和謬誤。這條進路是行不通的，它所要作的是要安迪「退回一種可憐的、失意的生活方式」，正如他曾說：「他們總是嘗試向我潑冷水。」因此，二階轉變的渴求引發自一個不同的方向，它從那些顯然是誇張的、烏托邦的目標著手，然後向前邁進一大步，它所針對的不是計劃過於宏大，而是太過狹隘和溫和。

假如卡爾用這種方法去易構，將會有甚麼事情發生？從那位二十九歲，患有精神分裂症的男子的個案來看，我們預期安迪會開始以一個更為實際的態度去看待他的處境，他或許會質疑卡爾的觀察，強調一個人應當實際和現實一點，他需要成熟地檢視他的人生。如果卡爾堅持反對這種思考模式，繼續為那些春秋大夢作出抗辯，誓要達之而後快的話，安迪或會對演藝事業作出審視，指出它的優點和缺點，並且表明他對演藝事業所作出的保留並非由於卡爾的提醒。不論他們的對話以何種方式進行，當中都不會有要安迪實際一點，或顧及整件事情的勸導——這是牧者時刻揮之不去，經常採取的立場。耶穌何曾採用常理的進路去處理人的困境？

對於某些人來說，這個易構議案似乎帶點操控成分，不夠真誠。牧者看似在與安迪玩把戲，把他玩弄在哄騙與單刀直入兩種態度之中。然而，就著卡爾原先的提議，一方面提議安迪首先報讀一些有口碑的演藝課程，另一方面卻又質疑他是否演戲的材料，相比之下，怎樣才算是虛偽？還有一點更重要的，是這個提議道出了某些深刻的真相：安迪過於高估自己的人生及其中的可能性。在卡爾的分析中，他認為以賽亞書四十章29至31節與安迪的處境尤為相關：

> 疲乏的，祂賜能力；
> 軟弱的，祂加力量。
> 就是少年人也要疲乏困倦，
> 強壯的也必全然跌倒；
> 但那等候耶和華的，
> 必從新得力。
> 他們必如鷹展翅上騰，
> 他們奔跑卻不困倦，
> 行走卻不疲乏。

卡爾透過這些經節的角度來審視安迪的處境，認為他自己的角色不是要勸阻安迪抱有甚麼鴻圖大志，這樣做只會否定上帝的大能如何在那些軟弱的人身上顯現出來，也暗示上帝的能力在如安迪這樣的處境中並沒有真正作用，以致相信只有透過估量安迪所擁有的實際能力為基礎去看待他的個案。根據正統的聖經基礎，卡爾反對這些含義。然而，在他對安迪的輔導過程中卻反映著它們，易構法卻不是這樣。

因此，根據卡爾所引述的經文，我們的易構提案是完全適切的。鼓勵安迪開闊他的人生視野，讓想像與夢想自由地翱翔，與以賽亞先知談到那些等候上主的年輕人，必會如鷹展翅上騰的許諾相一致。這樣的易構並沒有任何固有的人為操控或欺騙成分。如果安迪以一條從未試過那麼實際的途徑來回應那些針對他的未來職業的論點的話，將會帶來某些價值，起碼讓安迪與父母親之間的衝突不致惡化。另一方面，假如他採納了易構提案的表面價值，替自己想像一個更為光采的未來，是自己一直以來所不敢想及的，這同樣會被完全接受和受到歡迎。無論哪一條進路，都可以讓輔導進程突破以常理作為對付那些不設實際的抱負的解決方法所造成的困局。

安迪那種受約束於父母親的感覺，在那個婚筵的比喻（太二十二1～14）中表達了出來。該比喻講及有一個國王為他的兒子準備了婚筵，但那些獲邀請的賓客卻拒絕出席，他們更把國王差遣去邀請他們赴宴的僕人殺掉。國王派遣軍隊去消滅那些謀殺犯，又燒毀他們的城市作為報復。接著他吩咐僕人們走到大街上，儘量邀請街外人赴宴，好把禮堂的座席填滿。當他走進禮堂觀看他的賓客時，發現有一個沒有穿禮服的人，便對他說：「朋友，你到這裏來，怎麼不穿禮服呢？」那人一時語塞。國王吩咐那些與會的人把他丟到外邊去。

這個比喻是進退兩難的典型例子。國王希望賓客坐滿整個禮堂，因此他把所能夠碰上的人都邀請進來，然而他卻向一個沒有穿著傳統婚宴禮服的人反臉，這好比安迪所處身的景況。他在教會中參與過一次話劇演出之後，獲得父母親的嘉許，還說他有演戲天份，承諾不惜一切代價幫助他發展這項潛能。現在安迪想更進一步追求這方面的才幹，全情投入，他的父母親卻公然反對：「現在我想著實幹了，他們卻毫不支持。」就像那個參加國王婚宴的人一樣，安迪只不過是按照父母親的鼓勵作事而已。如今他真的做了，他們卻對結果不表贊同。他們怎樣處理其不滿情緒呢？他們大可以老老實實地對之前所作過的鼓勵表示抱歉，然而他們沒有這樣做，反而指出一些在當時才浮現出來的難處，包括他的兄長在學習意大利文時所遇到的困難，還有茱迪的問題，好證明他們回心轉意的想法是正確的。沒錯，她有參與教會聚會，但是她有吸煙習慣，而且她的貞操也令人質疑。你是否因為這些才對演戲感興趣？這樣會否令你墮進一個品格受質疑的女孩那誘人的懷抱中？

安迪有理由質疑這些論點都是自私和虛假的。一旦國王解決了禮堂座席的問題，他便擔心把自己困在兩難之中：「假如那些在禮堂裏的烏合之眾成為我的新贊助者和新支持者，將會對我的個人地位造成甚麼影響？我在這個地方一直都是表現得最優秀、最富有和最得體的，如今別人會怎樣看我？」因此，一個當殃的客人説明了國王的標準仍然生效，即使他的社交和政治生活作出了重整也不表示他有任何改變。同樣地，麥先生和麥太太所經驗的問題，與所有年輕人的父母親所面對的無異：「希望安迪能夠找到一些生活中的樂趣，發現一些創意空間讓他展現其能力與才華。」然而，在處理第一個問題時，卻製造了另一個麻煩。安迪現在醉心於一項專業，但他們卻沒有給予全力支援。他們怎樣處理這個新問題呢？就著比喻中的國王來説，他發現了處事方法中的一點瑕疵，並且以此來質疑其處事方法本身。他放目滿堂的婚宴嘉賓，發現了一個沒有穿著禮服赴宴的人，以此作為他的例子，國王讓全體羣眾知道他的統治方式並沒有絲毫變更。至於安迪的計劃方面，茱迪就是問題所在，因為安迪把茱迪一併納入他的計劃之內，這使任何事情都變得可疑。問題不在於他的父母，也不在於他們用來指向安迪的摻雜暗號。問題在於茱迪。她就是那個沒有穿著合宜禮服赴宴的人，恰好以此引伸出進退兩難的困局。

假如婚宴比喻攫住了安迪父母親所給他造成的困局，那麼有哪個比喻能夠支持我們的易構？芥菜種的比喻(可四30～32)可做到這一點。耶穌問：「上帝的國，我們可用甚麼比較呢？」祂提議用芥菜種來作為答案。它是百種中最小的，但長起來後卻比一切灌木更為繁大，伸出來的大樹枝，可以供雀鳥在它的蔭下築巢。

這個比喻在兩方面與我們的易構相關。首先，它告訴我們應當向弔詭歡呼，而不是遠遠躲避它。躲避弔詭就是隔絕於上帝的國度。芥菜種是一個弔詭，因為最小的種子成為最大的灌木。卡爾敏銳地觀察到安迪所面對的弔詭：他透過演藝事業想要尋回自尊，但亦可能是這個事業弄得他的自尊支離破碎。看到這個弔詭，他尋找一種方法保護安迪，幫助他避開，或是給他安置防撞欄，至少不會碰得那麼傷。然而，我們的易構不會以躲避弔詭來作為輔導目的；相反，它以鼓勵安迪去考慮一些更為廣闊的可能性來強化弔詭，安迪會在當中經歷同樣的弔詭。易構不會嘗試保護安迪那容易受傷的自尊，而是邀請他盡一切可能去經驗弔詭，就如闖進暴風眼的中央。易構提出這樣的問題：在治療上、倫理上和宗教上，提議安迪躲避他生命中的基本弔詭(他所能經驗自尊的範圍同時也是最傷害其自尊的範圍）到底有甚麼好處？幫助安迪躲避這個弔詭就是邀請他一併脫離他的生命。

其次，這個比喻證明了日常生活的神蹟。這個比喻不是關於一粒小種子成為大灌木那緩慢而穩定的成長過程，而是在於兩個極端不同狀態的鮮明錯配，它是關乎百種中**最小的**和灌木叢中**最大的**。這種配置所指出的不是一般預期的成長而是一個神蹟，它無關於有機的和生物的發展，而是關乎上帝創造秩序那恩賜般的本性。從小種子而來的巨蔭是一項神蹟，反映著日常事物那叫人興奮的本質。[4]這不是烏托邦主義，因為它創設了一個正好在日常事物**以外**的理想世界，也是超越了日常經驗的世界；這個比喻卻對日常生活那些令人注目的、不可預期的驚喜持有開放態度。

同樣地，我們的易構在看待安迪的處境方面，不會從我們或會**正常地**對他所期望的，或是從他打算進入的世界的角度來作為出發點。假如我們以那些觀點來看事情的話，我們會毫無疑問地贊同安迪應當把他的大志降格一點，嘗試一些較為容易的東西。演藝的路**是**漫長而艱辛的，甚少人能夠取得成就。然而，我們的易構卻從日常生活上的神蹟角度來看待這個處境。一方面，我們面前站著一位缺乏自尊，而且人生閱歷甚淺的男孩；另一方面，這個男孩憧憬著自己能夠成為一位學有所成，甚至是偉大的名演員。這實在是兩個極端不同狀態的鮮明錯配。同樣一個缺乏自尊的男孩也可以憧憬著自己成為一位具有影響力的外交家、一位出色的詩人、一位才華洋溢的建築師、一位技巧出眾的心理學家，或是一位多才多藝的管理人員。我們的易構沒有試圖調和男孩的處境與他所想成為一位出色演員之間的夢想這種極端錯配。相反地，它透過鼓勵一個更寬闊、更廣大的異象，迫使他更進一步。

因此，安迪父母親擔心他那「誇大的目標」之處，易構(就如這個比喻一樣) 卻把這種誇大當成優點一樁。凡是習慣於耶穌那種比喻式說話的牧者，都不會對誇張手法感到不自在。甚麼會使牧者感到不安呢？就是一些現實、敏感和實際的言論。安迪不需要一個代表眾人的牧者去告訴他現實一點，他不需要牧者告訴他一個活在他的處境中的人通常會期望甚麼，或是那種「一般預期環境」所能提供的東西。[5]安迪需要牧者所作的是對日常生活神蹟的確認，就是生活本身那叫人興奮的恩佑本質，這是那提議易構所要作的。它肯定了異象，它肯定了生命中的奇迹。

一旦得到了這種本身會使人感到興奮、意外，甚或是困惑的肯定，安迪最少會有三種不同的回應。首先，我們已經提及過的，他會認為自己渴望成為演員的目標過於天馬行空。他會重新作出思考，顧及到可能出現的困難。這並不會破壞該比喻的精神，因為關於他演藝事業的問題並不是由一羣擔驚受怕、處處提防的成年人所強加的，而是基於一種自由的選擇，當他面對探求一些更高更遠的異象的挑戰時，是他自己作出現實一點的決定。卡爾可以替安迪的選擇感到可惜，即使耶穌也曾替那個從面前異象走開的富官感到難過。或者他可以在心裏為著安迪的決定感到欣慰，因為這代表著安迪成熟的表現。(根據韋克蘭的定義，成熟指一個人有能力去作某件事情並非源於父母親曾經作出這樣的建議。)[6]更加恰當一點，卡爾大可以一種既欣慰又可惜的態度來看待安迪的決定——一種牧者常有的經驗，這解釋了為甚麼牧養職事是一項如此困難的專業的一個原因。

其次，安迪可能會同意他要成為演員的目標不夠遠大，或者有甚麼更偉大的等待著他，而他卻狹隘地把焦點放在那單一的目標上。或許不是演藝事業本身，而是一些與此有關的東西推動著他的想像力。又或許，正如卡爾所質疑的，在安迪的生命中，演藝事業只是安迪用來吹噓自尊的一種行動。因為我們以正面而不是負面的態度來重組這句子，那個易構提議可以幫助安迪認清(以一種非防禦的態度)他要成為演員的背後動機其實是要建立其自尊。這個易構會邀請他考慮其他可以讓他得到更大自尊心的場景，倘若他願意考慮其他職業的話，這將清楚地證明卡爾的判斷是正確的(即是說：增強自尊心才是促使安迪渴望找尋一份他真正能夠擁有的職業那深刻和根本的原因)。

第三個可能性是這個易構會重新確定安迪要成為演員的夢想。他或會接受演藝是一項他能夠想像得到的偉大事業，它的光芒掩蓋了所有事情。如果這是安迪對卡爾所提出的易構的反應的話，卡爾將會作出這樣恰當的回應：「那麼你一定要做得到啊。假如演藝對你來說是那麼重要的話，你就得排除萬難，不可讓人把你看扁。」伴隨著這種強而有力的肯定，卡爾也可以與安迪分享他就著安迪在一份對其自尊既有益又有害的專業中去尋找自尊的印象。提高安迪正要面對弔詭的意識，較諸警告他正在進入一種艱難的專業，日後需要克苦工作更佳。對演藝事業的內在弔詭有了防範，安迪將會把事情處理得更好。當人知道最大的灌木叢來自最小的種子，而他又真的期待著那巨大的樹蔭時，他斷不會犯上以一兩粒其他品種的大種子來換掉這些種子的錯誤。再者，認清弔詭不會磨滅一個人對奇迹的感應，卻只會強化它。

最後，重要的事情不是我們怎樣期待安迪對卡爾的易構作出回應，而是卡爾願意並且有能力作出易構。這個易構立時帶走了安迪從**常理**、**正常期望**，和**一般預期結果**那些情況中所作出的決定，而置身於**日常奇迹**的框架中。這樣的易構說明了福音書中的神蹟語言在我們今天的世界中仍未死亡或絕迹。

安迪理解日常奇迹的語言的一個標記，是他對茱迪**昨天**停止了吸煙的評論。從正常期望和一般預期結果的角度來看這件事情，我們會認為對於茱迪是否已經戒除煙癮過早下定論，禁煙一天不足以說明一切。然而，從日常奇迹的觀點來看，這是完全可能的，一個昨天便足以讓茱迪的行為作出恆久和不會逆轉的改變。安迪明確地相信日常奇迹，他直覺地接受了日常奇迹的語言，並且作為今天生活的參考。破壞這種對日常奇迹語言的接受能力，堅持只有常理語言才是可接受和合法的，就是把自身困限在一階轉變的輔導工作中。

結語

在講述羅莉和安迪的個案時，我刻意地選擇了一些常見於堂區為中心的牧養關顧和輔導的處境，並且建議了一些是堂區牧者的能力和技巧所能及的易構方法。我承認有些人，特別是牧養輔導專家們，會認為易構法對於某些典型堂區牧者來說過於困難，他們主張易構應該只由專家以及只在正規的輔導中才可使用，而不應該應用在一些常見於堂區事工中的非正規和偶發的場合。但我相信堂區牧者對易構法有一種特殊的天份，條件只是在講道和教導時就著聖經的文本作出有條不紊的解讀。的確有很多心理治療的程序並不適用於堂區為中心的牧養關顧，但我卻不接受易構是其中之一這種觀點(雖然我知道某些易構技巧是超出了典型堂區牧者的能力和專業知識)。毫無疑問，易構藝術需要想像力、智慧，以及精明地行使權威。這些能力都不是容易掌握的，然而，它們也絕非只屬一羣專家們所擁有的特殊才能。

有一些專家提出典型的堂區牧者不應該採用易構法，卻要把他們的關顧和輔導目標限制在一階轉變的範圍內。他們認為假如需要作出二階轉變，牧者應當把個案轉介給其他人(例如牧養輔導家、心理治療師、精神科醫生、婚姻輔導員，或是社工)。沒錯，在很多處境中把個案轉介給另一個專家是恰當，甚至是理當如此的做法，但需要作出二階轉變卻根本不是轉介的理由。限制堂區牧者只可涉及一階轉變就是在基督教事工上強加了一條無法令人接受的枷鎖，排除了福音使者去參與聖經本身所明示那叫人生命得著改變的介入工作。因為二階轉變是基督教福音的基礎，我們不能夠阻止那些蒙召去事奉這個福音的人投身在那些需要二階轉變的處境之中。[7]

認為堂區牧者不應該涉及二階轉變的努力這種觀點亦反映了一個常見的錯誤理解，就是以為二階轉變通常較達至一階轉變難得多。這不一定是對的。很多時候，二階轉變卻剛好來得更為容易，因為它們牽涉處理問題的全然嶄新方法，當這個方法出現時，二階轉變便彷彿不費吹灰之力般發生了。有些時候，這些轉變是那麼容易和簡單，以致我們不信任它們。耶穌透過祂的醫治職事說明了這一點。經過長年累月的醫治，在醫師建議的治療過程中耗盡了一切錢財，並且受了許多痛苦，那些病人此刻卻赫然發現當他們對耶穌投以信心時，他們的災病卻是那麼容易和迅速地消失得無影無蹤。有很多人對此表示懷疑和不信任，只因它出現得太過輕描淡寫。他們預計這樣的轉變不會持久，必然會故態復萌、打回原型。他們更質疑耶穌是個機靈鬼、騙子和操控者。但是「易構不是騙人術。易構之所以能夠行得通，在於它忠於一個特定人物的需要那些合乎規範的條件。」易構要求對於他人的需要作出準確透視的能力，不可存有絲毫曲解。這種能力通常意味著起碼在過程當中，我們能夠把自己個人的需要擱置一旁，暫停以自己的興趣和抱負的觀點去看待他人這種習慣傾向。如果我們能夠這樣作的話，其他一切都會變得容易，正如耶穌所清楚展示的一樣。

註釋

1. Paul Watzlawick, John Weakland, and Richard Fisch, *Change: Principles of Problem Formation and Problem Resolution* (New York: W. W. Norton, 1974), p.152.
2. Watzlawick, Weakland, and Fisch, *Change*, p.152.
3. Watzlawick, Weakland, and Fisch, *Change*, pp.153～154.
4. John Dominic Crossan, *In Parables: The Challenge of the Historical Jesus* (New York: Harper and Row, 1973), pp.37～52.
5. 韋爾特（R. Waelder）的「一般預期環境」這個概念的討論見於Heinz Hartmann, *Ego Psychology and the Problem of Adaptation* (New York: International Universities Press, 1958), p.55；及Robert W. White, *Ego and Reality in Psycho-analytic Theory* (New York: International Universities Press, 1963), p.16。
6. Paul Watzlawick, *The Situation is Hopeless, But Not Serious: The Pursuit of Unhappiness* (New York: W. W. Norton, 1983), p.23.
7. 易構法適用於堂區牧者的說法，見於格連（Douglas J. Green）的教牧學博士論文："Solving Parish Problems: Applying the Mental Research Institute's Brief Therapy to Counseling, Administrative, and Preaching Problems" (Ithaca, N.Y.: Colgate Rochester Divinity School, 1989)。除了牧養關顧和輔導個案之外，格連還提供了一些非常有趣的例子，說明怎樣採用易構技巧去解決體制上和行政上的問題。他也提到了一些為著道德原因而反對易構法的理由，指出大部分這樣的反對理由都是虛偽的，或是基於牧者與會眾兩者關係的不現實觀點。（特別見於第四章）

第三部分：

牧養關顧中的易構

第六章

約伯朋友的輔導模式及其不足

我在第四及第五章所展示的兩個個案，是為了表明易構法如何有效。現在讓我們透過檢視約伯的個案，幫助我們比較一下易構法與其他牧養關顧和輔導的方法，以驗證它在某些處境中的優越性。

毫無疑問，這個案不會容許我們就著其他方法的強弱處作出一個既公正又沒有偏見的測試。正常來說，在針對各種輔導方法的測試中，為了達到不偏不倚的情況，各種方法的競爭對手都會在進行公開聽證之前對同一受助者作出輔導，接著受助者和觀察者會就個別進路作出強弱評估。這些就著輔導進路的測試是否公正仍有待商榷，但我採用約伯個案的目的並不是要在各種輔導方法之間挑起爭端，而是想指出在某些情況下，易構法會突顯它成為不二之選的優勢。

我也想在此指出一點，就是在某些例子中，選擇易構法過於其他牧養關顧和輔導方法的理據是相當神學性的。對於某些處境和個人來說，其他方法是毫無神學基礎的。事實上，由於約伯輔導者們的神學假設是那麼明顯，因此，這個案雖然陳舊，但在說明方法背後的神學假設是個關鍵議題這一點上仍是相當適切的。此外，由於牽涉的不是一個而是三個輔導者，我們能夠從中判辨出三種堂區牧者常用的輔導方法及其中的神學缺欠，它們是支持式輔導法、危機輔導法，以及關乎倫理、價值和意義輔導法。我認為以利法是支持式輔導者、比勒達是危機輔導者，而瑣法則是關乎倫理、價值和意義論題的輔導者。我們從支持式輔導法開始。

支持式輔導法

在《牧養與輔導》(*Basic Types of Pastoral Care and Counseling*) 一書中，祈連堡把支持式輔導法從領悟式輔導法 (insight-oriented) 中分別出來。領悟式輔導法旨在揭示和處理以前在性格中所隱藏的層面，從而令基本性格得到改變。支持式輔導法的目標卻樸實得多，牧者採用某些方法去穩定、支持、培育、推動，或指引有困難的當事人。這類方法有助於這些人有建設性地處理他們的困難和人際關係，即使他們的性格特質與環境給他們造成甚麼樣子的限制。因此，支持式輔導法「沒有使用除去隱蔽物的方法，也沒有以深入了解為目的，或要有駭人的個性改變。它的目的是幫助人得到力量和正確觀念，去使用他的心理及人與人之間關係的資源 (無論這些資源是如何有限) 。」[1]

在實際的運作中，領悟式和支持式輔導法兩者之間的區別通常與各自的側重點和基本目標的選擇有關，而不在於一種嚴謹的二分法。支持式輔導法或會增強自我意識和自我理解，然而，總括來說，支持式輔導法是較為行為取向的，涉及較大程度的輔導活動和對權威的小心運用。在支持式輔導法中，牧者多會運用指導、資料、肯定、啟迪和計劃。牧者會作出更多的問答，鼓勵或勸阻某類行為模式。[2]

祈連堡列出了七個可以在支持式輔導法中運用的步驟：

1 以安慰、支持、啟發和指引來滿足受輔導者的倚賴需求。
2 幫助受輔導者經驗情緒宣洩。
3 幫助受輔導者客觀地回顧壓力處境，從而促使他或她作出明智的決定。
4 協助作出自我防衛——相反於揭示、對抗，或探索。
5 透過幫助受輔導者改變他或她的外在境遇來改變其生活處境。
6 透過指示或建議一些會讓受輔導者保持機能的活動來鼓勵其作出適當的行動。
7 使用一些打算用來給予受輔導者一種「新鮮的感覺，明白他們的生命是有意義的，以改變他們所面對的痛苦和悲劇」的宗教資源(例如：祈禱、讀經，或靈修書籍)。[3]

以利法，約伯三位輔導者中首先發言的，與支持式輔導者存在著一些清晰的聯繫。

作為支持式輔導者的以利法

作為首先發言的人，以利法感到極為難，他以一種非常小心而略帶同情的姿態說話：「人若想與你說話，你就厭煩嗎？但誰能忍住不說呢？」(伯四2) 他繼而作出正面的評述，指出約伯曾經以一些個人性的鼓勵和指引話語堅固他人。以利法此刻反問約伯，當**他們**身處困境的時候，約伯給他人奉上的確信言辭不也同樣適用於**他自己**嗎？「你的倚靠不是在你敬畏上帝嗎？你的盼望不是在你行事純正嗎？」(伯四6)

接著，他向約伯保證，基於他的無辜，他能夠得著極大的安慰，因為上帝支持無辜和正直的人，絕不會把他們剪除。以利法說出他的個人經歷，在當中他感到極為脆弱和害怕，以此他勸喻約伯呼求上帝，因為他實在沒有誰可以倚靠。「至於我，我必仰望上帝，把我的事情託付祂。祂行大事不可測度，行奇事不可勝數。」(伯五8～9) 上帝高舉卑下的人，把那些遭遺棄的人提到安全境地，救助那些單純而困乏的人免遭滅亡。「這樣，貧寒的人有指望。」(伯五10～16)

以利法鼓勵約伯把他的案情委託上帝，他顯然看約伯是無辜的，他沒有認為或暗示約伯的苦況是由於他的過失所導致，一切發生在約伯身上的事情，只不過是人生的一部分，與眾人無異。然而，約伯仍然生存，在危難中仍然存活的事實，說明了仍有盼望的原因。另一方面，他也點示出約伯的受苦也可視為上帝作為警告的一種糾正性管教(伯五17)。這是一種充滿仁愛的警告，象徵約伯是蒙福的一個。在這個案中，受苦不至於死，而是帶來復和：「因為祂打破，又纏裹；祂擊傷，用手醫治。」(伯五18) 以利法暗示上帝可能造成或容許一些災難發生在約伯身上，不是由於他犯了罪，理當受罰，而是基於一種充滿仁愛的警告。

然而，以利法的重點是當約伯經歷苦難的時候，並不代表世界末日，因為一切都會撥亂反正：「你必知道你帳棚平安，要查看你的羊圈，一無所失。」(伯五24) 事實上，他向約伯保證他將來的生活必會優於苦難發生之前：「也必知道你的後裔將來發達，你的子孫像地上的青草。你必壽高年邁才歸墳墓，好像禾捆到時收藏。」(伯五25～26)

以利法向約伯所運用的輔導進路，明顯地與支持式輔導法相關。在此我們點出他所採用的七個由祈連堡設定出來的步驟。

1. **滿足受輔導者的倚賴需求。**身為約伯的長輩，以利法以一種仁慈、非高姿態的語調與他說話。他質疑在約伯明顯地處身痛苦中的時候向他陳述智慧言論是否適合。但是他重提約伯在類似的景況中對別人的支援，不是要剝奪約伯的倚賴權利，而是表明不把他當作小孩般看待。他建構了一種支持性的氛圍，傳遞著支援、啟發和指引那位需要給予幫助的約伯的渴望。

2. **引發情緒宣洩。**有一些宣洩在輔導者說話之前便已經出現了，但有更多的宣洩在後來的言談之間才流溢出來。以利法有沒有鼓動著這種宣洩？肯定是有的。他反對指摘約伯有任何錯失，以及肯定約伯是那他無法控制的力量的受害者，這給予約伯有違他的處境訴冤的理據，繼而給自己的無辜作出抗辯。再者，以利法提及他感到脆弱和恐懼的個人經歷，鼓勵著約伯講述他對在他身上所發生的事情所感到的憂慮和恐懼。

3. **對處境作出客觀反省。**以利法提議約伯去想一想，雖然他損失慘重，但是性命猶在。這看似是一個遭逢絕境的人的一點小小安慰，然而，這卻是約伯在反省他的處境時可以記念的客觀事實。以利法作出的另一點是約伯並無犯上任何錯失，他可以以這種體會來安慰自己。上帝會否棄絕一個顯然沒有犯罪的人？假如他能夠在那些曾經同樣發生在好人和惡人身上的災難中存活過來，現在約伯不也可以假設上帝將會給他帶來醫治和拯救嗎？帶著這種對處境的客觀反省，以利法建議約伯去呼求上帝的幫助，這是最聰明的做法，不單由於只有上帝才能給予援助，而更重要的，是上帝已經準備去幫助他，正等待著他開口作出請求。

4. **協助作出自我防衛。**以利法沒有挑戰約伯自認是個義人的觀點，相反，他肯定這種自我理解，並且以此作為忠告約伯的基礎。在以這種途徑去建立約伯的自我防衛系統的過程中，以利法並沒有加入任何欺騙或諂媚的成分。對他來說，正如對我們來說一樣，約伯都是個非凡正直的人，這是明顯不過的。即使他提及約伯的受苦或會含有一種管教的目的，也是訴諸他那自身正直的個性，這指出那可能是上帝折騰約伯的惟一原因，因為上帝相信約伯能夠從這些苦難中磨練出比以前更堅毅的性格。

5. **改變生活處境。**以利法深知他無法就著約伯的外在境遇作出任何直接或立時的轉變，從這種觀點來看，他就像現代堂區牧者一樣，無法提供藥物或大量金錢的支援，然而，卻能在受輔導者的態度上作出深遠的影響。因此，以利法的目的是去幫助約伯，主要是透過態度的轉變來順應他的狀況。他提議約伯轉向上帝尋求幫助，深信上帝永不會撇棄他，而且已經定意對他提供幫助。他預料約伯這種態度上的轉變，會對他的外在境遇產生影響，但他卻從沒有指出或暗示上帝的幫助會依附於約伯對援助的尋求。相反，他深信上帝必定會幫助約伯，因為這是祂的本性。上帝打破了又纏裹、擊傷了又醫治，因為前者既已發生在約伯身上，他大可以期待著後者的到來。[4] 因此，以利法所要尋求的轉變——他的輔導目標——是要幫助約伯重新發現早前他對上帝的信心。

6. **鼓勵作出適當的行動。**從某方面來看，以利法並沒有鼓勵約伯作出任何適當的行動，因為他不像祈連堡所以為的，提供一些可行及日常行動的建議：

> 當一個人因焦慮、失敗、跌倒、損壞了自我評價，或遭災難性的損失等等感受，而暫時昏迷或癱瘓時，牧者若能夠做一些鼓勵以幫助他們，並使之與別人保持接觸，這樣可以減少他們陷入抑鬱症，或完全與人隔絕的傾向。有建設性的活動，使一個人的混亂世界有秩序；並且給他們一些途徑，改變這痛苦的環境。[5]

雖然以利法沒有提出任何這類具體的舉動，但是他卻提議約伯作出建設性的行動，向上帝呼求，並且向祂陳明自己的案情。他明顯地認為約伯知道應當作出甚麼具體的行動來向上帝呼求（可能是某種形式的祈禱或懇求）。

7. **使用宗教資源。**以利法的確用上了宗教方面的資源給予約伯「嶄新的認識」，使他曉得其生命意義超越那些他正在經歷的痛苦和悲劇。他沒有利用如聖經或屬靈書籍這類文字紀錄，也沒有叫約伯採取甚麼有聲或無聲的禱告，然而，他輔導的語調明顯是宗教性的，當中他用上了一些來自他所代表的宗教傳統的神學概念和語言。事實上，他輔導約伯的整套進路，深深植根於這個傳統，它批判著我們對鑑定這類宗教資源時所持有的現代取向，這種取向認為宗教資源雖然是輔導過程中的一些附加物，但卻不是主體本身。然而，對於以利法來說，根本沒有宗教資源與輔導過程之分。

支持式輔導法對約伯奏效嗎？不，毫不見效。它只增加了約伯的憤怒，導致以利法最終放棄他那支持式的語調，在他繼後與約伯的談話中變得愈來愈指控性。以利法認為約伯所面對的只是人生的一部分，對於這種觀點，約伯尤為憤怒。約伯深信上帝要為他的苦難受責備，一切都是祂的所作所為，祂是那位既殘忍又兇狠的**獵人**：「因全能者的箭射入我身；

其毒，我的靈喝盡了。」(伯六4) 這位殘忍的獵人，同時擁有一對鑑察人的**靈眼**，在觀察身體上和道德上分崩離析的人類時帶著虐待狂式的歡愉 (伯七20)。上帝大可以就其冒犯之處道歉，然而，祂沒有，祂堅持把它們曝光，在世人的羞愧和恥辱中帶著惡意的微笑。因此，當上帝在把玩和羞辱著約伯的時候，約伯為何要如以利法所言，尋求上帝的幫助？

對於約伯來説，以利法及其他同伴的基本錯誤在於看不見上帝那黑暗和嚇人的一面，他們總以為上帝是值得信賴的。其他朋友以看得見的距離疏遠及棄絕約伯，而這三個朋友則從心理上疏遠及棄絕他，以上帝信實的眼睛來看待他的悲劇。他挑戰他的朋友們：放棄你們對上帝的信靠吧，你便會如實地發現我的苦情，並可看到一位你們從來不容許自己看見的，作為敵人——獵人和靈眼——驚嚇著受害者的上帝 (伯六4)。他們或會視約伯為災難的受害者，這些災難也同樣攻擊著無辜者或惡人。他們合理化他的苦難，作為「人類處境」的一部分。他們甚至大膽地認為上帝親臨約伯的苦難，以對待義人般那種帶著祝福的警告，來使他不至滿足於現狀。但約伯卻不是這樣看：他是上帝的獵物，那無情而兇狠的獵人以毒箭攻擊他，那雙靈眼帶著惡意的笑容來看待約伯那暴露人前的羞辱。為甚麼以利法和他的朋友看不到這一點呢？因為他們害怕它的含義。假如他們同意約伯，認為上帝是與人為敵的話，他們還怎能信靠上帝呢？再者，如果他們認同他，他們又能否肯定上帝不會因為他們站在約伯那邊而攻擊他們呢？

支持式輔導法的神學

以利法以一位支持式輔導者的身分著手，但是他最終放棄了這條進路，顯然是由於感應到他原先採用的方法毫不見效。為甚麼它會失敗呢？我認為它失敗的原因在於那用作支撐支持式輔導法的神學理論。支持式牧養關顧和輔導法重申——它必須重申——上帝是值得信賴的。以利法在首階段對話所說的一切全以他對上帝的信靠為基礎。如果約伯肯向上帝回轉，上帝必會仁慈地看顧他。上帝是值得信賴的。然而，約伯一直認為，這個忠告意味著以利法並沒有全心全意地同情一位像他一樣對上帝失去了信心的朋友。即使他如何努力地嘗試以他的觀點去同情約伯，以利法還是看不到約伯所看到的上帝。

約伯指摘以利法的同儕——比勒達和瑣法，認為他們同樣偏袒上帝，這對支持式輔導者來說是尤其要緊的事情，因為他們對受輔導者所作出的安慰、支持、啟發和指導的能力，端在乎後者認為他們是否信靠得過。正如祈連堡所指出的：「在支持式關懷和輔導中，**這種關係**是引致改變的最佳工具。持續一種可靠的培育關係，是這工作過程的中心。由於教友可以信任牧師，他們可以從牧師的內在潛力中支取力量。」[6]然而，倘若受輔導者相信輔導他的人是與敵人一夥的，正如約伯一樣，他怎能夠信任面前的輔導者，認為能夠從中獲取力量資源呢？在一些輔導者被質疑站在另一方立場的個案中(例如婚姻輔導)，這種情況尤為棘手。但是，當有輔導者被認為他與受輔導者的最大敵人維持一種正面的關係是源於其深思熟慮的個人利益時，問題將會更加嚴重。當要試圖輔導一個視上帝為世人威脅的人時，支持式牧養輔導者將要陷在兩難處境中。

約伯並不相信以利法能夠大公無私，因此他拒絕了以利法努力向他所作出的指引、重申和啟導。約伯感受到以利法的努力不過是服膺於他要維護上帝的渴望，他並不相信以利法最關心的是他，相反，他覺得以利法不過是為著自己的神學觀點而努力，即使面對約伯的挑戰，他仍然持守自己的論點。

的確，有些人會辯論說，支持式輔導法與一位值得信靠的上帝的信念，這兩者間的聯繫，只有在那些受輔導者再沒法視上帝為盼望之源時才會成為問題。由於大部分人與輔導他們的牧者，都同樣認為上帝是值得信賴的，這令支持式輔導法仍未遭受任何損傷。但事實是否如此？約伯對上帝的態度是否那麼罕見和例外？他失去對上帝的信靠是否更為普遍，因而對支持式輔導法所帶來的是更為嚴重的威脅，較這個爭論所提出的有過之而無不及呢？

在一項對那些因為癌症或血友病而失去兒女的父母親所作的研究中，曲克 (Judith Cook) 和溫百利 (Dale Wimberley) 發現三種最常見於他們的反應是：(1) 咒詛上帝或質疑上帝的慈愛；(2) 視兒女離世為自己過錯的一項懲罰；和 (3) 認為上帝利用兒女離世來成就一個美好和有益的目的。[7] 著者指出第一種父母親所作出的反應，是基於他們曾經期望上帝會醫治他們的孩子，最終卻因事與願違而表現得極度失望。因此，責備上帝的父母，極可能就是那些原本深信上帝會幫助他們渡過難關的人。這樣看來，那些原本對上帝最具信心的人如今卻失去了對上帝的信靠。約伯的個案並非冰山一角，我們實在不敢無視約伯對支持式輔導法所提出的挑戰，因為當中質疑著他的處境並非如此罕見。

有些人會反駁約伯的上帝觀是全盤錯誤的，事實上，上帝並非充滿惡意和殘酷。毫無疑問，我們大部分人都會認同約伯的上帝觀過於負面。但是與此相反，或許支撐著支持式輔導法的神學所反映的是過度正面，甚至是浪漫化了的上帝觀。藉著他的苦難，約伯經歷到上帝黑暗的一面，愈發看清上帝是那位更為複雜的存有者，這是他過去一直未曾對上帝有所認識的。

艾爾博特（Gordon Allport）曾經說過一種複雜或是帶有識別能力的情感往往較那些缺乏識別能力的表現得更為成熟，因為它包含了更多現實的考慮。他以兩個學生對其父親的描述來說明這一點。其中一個學生這樣寫道：「老爸是一位完美的父親，他愛自己的家庭，他的家人也同樣愛他。他在全鎮中廣為人認識，極度受人尊敬。他願意幫助任何人，並以公平和誠實著稱。公平和誠實就是老爸。」艾爾博特認為這個描述印證了一種缺乏識別能力的情感：「父親就是這樣的完美，有關他的一切都是對的。那位學生那麼盡情地熱愛父親，令人不禁懷疑她有否對父親的個性作過近距離而帶有分析能力的檢視，甚至她那浮誇的讚美詞句或許掩藏著一些受到抑壓的仇恨。」另一個學生這樣寫及她的父親：「他不太喜歡交際，但卻能夠在羣體中悠然自得；帶點情緒化，但卻並非脾氣暴躁的人；正直、勤奮、為人拘謹；在某些事情上膽小如鼠，卻在另一些事情上勇往直前。他的想像力溢於其對旅遊的熱愛，但卻不見他經常出門。」艾爾博特觀察到：「這個女孩同樣欣賞她的父親，然而她卻不像第一位女孩，她觀察入微、具批判力，並非盲目地表達她的愛慕。有人猜想在第二個個案中那種帶有**識別能力**的情感會制止那些抑壓著的批評和敵意形成。她對父親的觀點，愈發複雜，便愈加真實。」[8]

約伯所遭受的苦難和損失引致他從一個更有識別能力的角度來認識上帝，這是他在蒙受災難之前所未曾試過的。他現在有能力辨認上帝可怕的一面，把上帝描述為獵人和靈眼。這些最近才得到的確認，實實在在地擦去了他那幅上帝極度正面的圖畫。因此，以利法以上帝是信得過這一點來安慰約伯，在約伯看來這實在是一種既深刻又致命的冒犯。對於約伯來說，以利法所準備遇見和認識的上帝，背後還有更多更多的東西是他未曾知道的。

在人生的正常狀況中，我們或會自在於以利法那種強調上帝是信實的神學。然而，當我們實際地用上它，被告之要輔導一位遭受人生極大挫折的人時，我們肯定會同情約伯，以及他那複雜而且滿腹疑團的上帝觀。以利法與約伯之間的分歧，無疑是我們內裏神學爭論的反映。有些時候，我們會傾向以利法的觀點，同意他的神學所提供的保證。但是在另一些時刻，我們卻傾向接受約伯所表達的黑暗面，在這些情況中，我們感受到約伯對上帝的奧祕有更為深刻的認識。或許以利法與約伯的分野，就正如詹姆士（William James）所稱呼的，是「健康腦袋」（healthy-minded）與「害病腦袋」（sick-minded）兩種宗教的分別。詹姆士認為，約伯所反映的害病腦袋宗教，是一種更為複雜而極度深刻的宗教形式，因為它並沒有在邪惡的現實面前怯縮。[9]

支持式輔導法必須屬於健康腦袋型，以利法向約伯保證他能夠轉向上帝是支持式輔導法的基礎。但是約伯回應以利法的結案陳詞，卻印證著一種非常不同的上帝經歷：「上帝使我喪膽；全能者使我驚惶。我的恐懼不是因為黑暗，也不是因為幽暗蒙蔽我的臉。」（伯二十三16～17）支持式輔導者無疑會「接納」受輔導者所發出的這類言詞（「我知道你的感受」），甚至表白自己也曾「親嚐這種滋味」（見於以利法數算自己無助恐懼的經歷）。然而，為要輔導別人的支持式輔導者，會否真的相信約伯所談及的上帝，並且以這種信念來進行他的輔導工作？當然不會。在支持式輔導法中，受輔導者需要被帶引就近輔導者的內在能力根源——輔導者相信上帝不是受輔導者的問題而是其終極答案這種信念。當以支持式輔導者的身分處事時，我們不可能相信，甚或想像，上帝是約伯所經驗的上帝，那對喜歡看見約伯受辱的**靈眼**，以及下毒謀害約伯，由得他死亡的**獵人**。

根據祈連堡的說法，支持式輔導法就像傷殘人士的輔助工具般有兩個明確的用途：作為夾板暫時支撐待康復埋口的斷骨；以及作為義肢去幫助一個傷殘的人活動。這些傷殘人士輔助工具的形像指出支持式輔導法的目標是相當溫和的，也許我們不應該為到它那有限的(若然不是簡單的) 神學作出批評。然而，支持式輔導法仍是相當適合於那些像約伯一樣發現自己陷在痛苦、煩惱，和看不見出路的景況中的人。它提出溫和的目標，完全是因為它所面對的苦難是多麼的痛、多麼的深。根據祈連堡的意思，它最基本的目標是「要幫助這些人，在他們的力量範圍竭力工作，無論所做的是如何有限，儘管他們有困難，不能改變自己生活實況，也要繼續努力。」[10]活在這樣困境的人或許並非經常像約伯一樣能夠說出他失去了對上帝的盼望，清晰地描述上帝怎樣成為他的敵人，或是公開表示渴望以死亡作為解脫。但是這些言詞、體會和渴望已經把那種既深且痛的苦難溢於言表。而且更加明顯的，是他們感受到無論牧者是如何的支持和同情他們，也不會真誠地接納這類的言詞、體會和渴望。我們透過約伯的案例來分析支持式輔導法，用意指出這樣的感受是常見的，並非只反映在一個自暴自棄、身心衰殘的受輔導者身上。

危機輔導法

我們轉向另一個人物比勒達和危機輔導法。因為牧者經常被找來輔導一些正在經歷危機的人，所以這種輔導法是牧養關顧領域中最為人討論和推薦的。祈連堡認為牧者實踐危機輔導包括四個層面：(1) 一般性關顧；(2) 非正規危機輔導；(3) 短期正規危機輔導(即指不多於五次會面)；和 (4) 幫助人修復嚴重危機的心理原因和／或後果的長期輔導治療。[11] 他指出「每一個經歷水深火熱處境的人，都需要更多的關懷及哺育」。因此，他把焦點放在短期和非正規的危機輔導(或是他所稱的「危機介入」)。

由於危機介入與約伯個案最為相關，因此，我們對危機輔導的評估也僅止於此。危機介入適用於一些連短期輔導也不合用的危機處境。一個有名的危機介入進路是由鍾斯(Warren Jones)發展出來的ABC模式，它包括三個步驟：(1) 成功與危機者取得聯繫(Achieving contact with the person in crisis)；(2) 抽絲剝繭般把問題的重點找尋出來(Boiling the problem down to its essentials)；和 (3) 積極地處理問題(Coping actively with the problem)。斯通(Howard Stone)在他的著作《危機輔導》一書中，指出成功地取得聯繫涉及一些表達**臨在的行為**(例如遞上一杯咖啡)，以及**聆聽**那正在陳述出來的問題和積存的危機。找出問題的重點則牽涉**回應**，特別是那個危機對正在經歷它的當事人有甚麼意義；此外還有專注，把焦點放在現存的處境和壓力的根源，並且把一切不相干的資料篩掉。積極地處理問題則包括五重程序：建立目標、提取資源、建構其他出路、採取行動，以及反省行動和修正目標。[12]

由於第三個步驟——積極地處理問題——涉及太多東西，祈連堡最近修訂鍾斯的ABC模式，包含四個步驟，成為ABCD危機介入模式。首兩個步驟維持本來面貌，第三者則作出了修訂：(3) 挑戰個人在問題的某部分作出建設性行動（Challenging the individual to take constructive action on some part of the problem）；新加上的第四個步驟是（4）發展一套持續不斷的成長行動計劃（Developing an ongoing growth-action plan）。[13]

史偉澤（David Switzer）也是鍾斯輔導法的提倡者，只是他提出了自己的CFC模式：（1）**接觸**（Contact）：透過建立關係與當事人取得聯繫，認清當前的問題和隨之出現的事件，幫助當事人宣洩情緒，以及建立可及的期望；（2）**專注**（Focus）：透過探索處境和辨清其威脅來專注於當前的處境；以及（3）**處理**（Cope）：幫助當事人利用問題疏解的資源庫去處理問題，協助他們作出決定，強調與他人的關係，並且總結新近學會的東西。[14]斯通給ABCD模式作出總結，強調跟進工作的絕對重要性。我們或許可以把這些不同的方法整合為C-F-C-F模式，它包含了史偉澤的接觸、專注和處理（Contact-Focus-Cope）以及斯通的跟進（Follow-up）。

然而，重點不在於我們用甚麼名字去稱呼它們，只在於危機介入涉及幫助人去認清問題，專注於可行的方法，作出行動，以及對其行動作出評估。危機介入理論強調作決定與實踐的需要，即使這個決定只能處理所涉危機範圍的一小部分，無法對問題作出全盤的疏解。正如祈連堡所說的，人類個性就像肌肉一樣：「如能用它做建設性的思想和行動，可以加強它的適應能力。」[15]危機介入的目的就是要使人放棄採取史偉澤所稱的「坐以待斃」（do-nothing inertia）的抉擇，因為這種傾向是人在危機中難以避免的，即使是一些平時表現得果敢和活躍的人也是如此。

約伯是危機介入輔導的極佳候選人，他不但被其損失弄得毫無動力，他更刻劃了危機所造成的「積累性作用」。正如祈連堡所解釋的：「特別的危機或損失，迫使人向牧者尋求幫助時，往往已是孤注一擲了。它可能只是一連串的危機或損失中，最後的一個。在一個短暫時間內，有一連串的危機，是有累積作用的。一個接一個危機所產生的壓力，會超過兩個危機的壓力。」[16]祈連堡引用了由華盛頓大學精神科教授荷姆斯(Thomas Holmes)及拉爾(R. Rahe)所發展出來的「日常生活經驗壓力指數表」(Stress Scale of Common Life Experiences)。這些精神科醫生以一百點壓力指數來界定配偶的喪亡，並且列出了四十二種生活事件，其壓力指數由七十三點(離婚)到十一點(輕微觸犯法律)不等。

約伯的生活事件，它們的排位和壓力指數(means stress values，簡稱MSV)如下：

- 一位近親死亡，排第四位，壓力指數為六十三；
- 個人受到嚴重損傷或疾病，排第六位，壓力指數為五十三；
- 經濟狀況發生巨大轉變，排第十六位，壓力指數為三十八；
- 與配偶發生一連串重大的爭拗，排第十九位，壓力指數為三十五；
- 生活條件發生巨大轉變，排第二十八位，壓力指數為二十五。

我們實在很難決定如何計算同時失去六名兒女的壓力指數。如果我們採取較為保守的進路，只當他死掉一個孩子來計算，約伯的壓力總指數最少是二百一十四點，是最大壓力源頭——喪偶——的兩倍多，或是相等於三次離婚。如果我們把所有兒女的死亡都計算在內的話，他的壓力總指數將會是四百七十九點，幾乎是喪偶所造成的壓力的五倍。如果我們把他與妻子那種緊張的關係當作離婚(生命中排第三位最嚴重的事件）來看待的話，他的指數，以最保守的基礎來計算，會是二百八十九點；若以較為寬鬆或可能是較為現實的情況來看，他的指數將會是五百四十四點。

荷姆斯和拉爾發現那些於一年之內累積壓力指數位於一百五十點至二百九十九點之間的人，差不多有五成人會病倒，不論在身體上、心理上，或是兩者兼有。如果壓力指數達三百點或以上者，病倒人數更會有八成之多。祈連堡總結說，這個壓力指數表「可以使輔導員及平信徒危機關懷隊友，醒覺到找尋某種同類生活改變所引起的壓力的重要性；因人從這些壓力中，受累積作用之超負荷之苦。」[17] 他同時指出這個列表並未包括某些重大的生活壓力，例如配偶或兒童虐待、強姦、信仰和價值觀崩潰、貧窮，以及對核武屠殺的恐慌等等。在約伯的個案中，我們可以加上諸如失去友誼、失去家庭及社羣的尊嚴、失去自尊，以及身體畸型等壓力。即使我們認同史偉澤所說的，認為「危機是置身於人的裏頭，而不內存於事件本身」[18]，約伯也無疑是「積累過重壓力」的主要候選人。

史偉澤也指出，一些客觀地正面的事件，同樣有時會讓人感受到極大的壓力。荷姆斯和拉爾的列表支持這個論點。舉例來說，結婚排行第七，其壓力指數為五十點；修補婚姻關係則排行第九，其壓力指數為四十五點。根據荷姆斯和拉爾的列表，約伯在故事末段（伯四十二10～17）所得到的修復，其壓力幾乎相等於他失掉一切時所感受到的一樣：包括婚姻復和（MSV50點）、每得到一名新的家庭成員（MSV39點）、經濟狀況發生巨大轉變（MSV38點）、生活條件發生巨大轉變（MSV25點），以及飲食習慣發生巨大轉變（MSV15點）。以最保守的方法來計算（當作只有一名新家庭成員為計算基礎），約伯的總壓力指數為一百六十七點。若以較為寬鬆和現實的角度去處理的話(即全部計算六名新家庭成員)，其壓力指數將會是三百六十二點。另一方面，約伯得到修復之後所帶來的壓力程度，幾乎與他在失去一切時所感受到的一樣大，**個人**生活事件的壓力程度在災難時刻的過程中來得更高，因此，若定睛在他的個人身上，他所受的壓力只會愈來愈大。

作為危機輔導者的比勒達

比勒達以傳統辯難式的方法與約伯展開周旋，他以「狂風」來形容約伯對以利法的回應。隨即他著手處理手頭的案件，問及一個非常獨到的問題：「上帝豈能偏離公平？全能者豈能偏離公義？」(伯八3)他所問的顯然是一句設問句，因而他沒有等及約伯的回應，他提出了那臨到約伯身上的悲劇的解釋：「或者你的兒女得罪了祂，祂使他們受報應。」(伯八4)因此，一切所發生的事情都可以被解釋為約伯的兒女們曾經做了一些激怒上帝的事情之故。

照這個解釋來看，比勒達迅速地把重點轉移至想及約伯就整件事情所能夠去做的事情。當然了，他的兒女已不可救活，但是約伯的處境並非完全絕望：「你若殷勤地尋求上帝，向全能者懇求；你若清潔正直，祂必定為你起來，使你公義的居所興旺。」(伯八5～6)許多釋經學家相信比勒達在這裏是要提議約伯為自己兒女的罪獻上燔祭。一旦他作出這樣的舉動，上帝便會善待他，修復他的健康和生計。只要約伯做出如此簡單的舉動，其結果將會是震撼人心的。「你起初雖然微小，終久必甚發達。」(伯八7)

然而，為甚麼約伯要這樣做？為甚麼他要走到上帝那裏，相信上帝會修復他的生命？比勒達以一個關於兩棵植物的比喻來作出回答：

> 〔一株植物〕在它們仍然青翠、還沒有割下的時候，就已經比百草先枯萎了。……〔另一株植物〕清晨它雄健精壯，就像一株蒼勁的植物，它的枝條伸展到園子的每個角落，它的樹根深入溪澗，盤繞在亂石之中；但當那地方不容它再生長，並說：「我不認識你的時候」，它還要從別處再長出來，這實在成為它的喜樂之途。（伯八12、16～19；自譯）

這個比喻的意思是甚麼？比勒達解釋說：那些忘記上帝的人就像第一株植物一樣，他們毫無指望（伯八13）。然而，那些無可指摘、繼續信靠上帝的人，就如第二株植物一樣驀然生長。它們沒有逃離逆境，但是它們卻擁有一股內在力量，當它們所處身的地方不再適合生長時，它們會「從別處再長出來」。「那種吞噬著植物的嶙峋地面或會讓我們看不見伸延出來的盤根錯節，但是該植物卻為能夠在塵土中長出來的新生命而歡呼。」[19]因此，死亡中有著新生命；破壞中已藏著更新的標記。從塵土和爐灰中，新生命正在誕生，至於那些信靠上帝的人，同樣的更新是可能的。相應地，約伯就像那棵不幸地錯植在不蕪之地的植物一樣，但比勒達預期約伯將會得著新開始、復興和伸冤。即使在這一刻，他的生命已經開始再次冒升。

比勒達處理約伯困難的進路與危機介入輔導有一些清楚的關聯。危機介入的第一個步驟是與當事人取得聯繫，這點在史偉澤看來，包括建立關係、認清當前問題及其所以然的事件、協助情緒疏導，以及建構一些可望達成的期望。比勒達全都做到了。他與約伯說話之前已經靜靜地陪他待了七天，這使他能夠不單與約伯建立了關係，同時也認清約伯當前的問題和造成其問題的各種事情（即是那無止境的損失）。這靜默的一週也有助於情緒疏導，正如約伯記三章中約伯哀歌所清楚展示的一樣。在接續開始講話之時，比勒達試圖建立一些可望達成的期望，並且向約伯保證他相信他是無辜的，一切過錯都與他無關，因此，比勒達成功地與約伯取得了接觸。

危機介入的第二個步驟是專注。對於史東來說，這就是把當前處境和壓力來源放在中心位置，並且把一切不相干的資料去除掉。史偉澤則認為，專注即是要發掘當前的問題，並且認清威脅的源頭。比勒達鼓勵這樣的專注，他問到上帝可有偏離公義，答案明顯是否定的，因而他開始替約伯的困難尋求其他解釋。他同樣清楚約伯是個無可指摘的人，那一切臨到他身上的災劫並非在於他個人有甚麼過錯。這樣看來，他所面對的危機必然由其他甚麼地方所引致。以利法列舉的解釋(例如義人與惡人同樣遭災，或是約伯是上帝愛心管教的對象)可能是眾多原因之一。然而，比勒達嘗試把焦點放在一些明顯不過或是就著處境已知的事實上，把那些較為猜想性的主意擱在一旁。對他來說，一項清楚不過的事實是約伯的兒女做了一些觸怒上帝的惡行，上帝只不過在行使其公義的懲罰罷了。

比勒達把茅頭指向約伯的兒女，其理論基礎是頗為著重周遭環境的，因而肯定還未到最終定案。比勒達可以基於他的觀察，提議約伯向上帝獻上燔祭，因為「恐怕我兒子犯了罪，心中棄掉上帝。」(伯一5)然而，重點不在於比勒達的理據是否正確，而在於他努力地**專注**問題本身，把它抽絲剝繭。倘若上帝直接遷怒於約伯，這是一回事；但假如上帝所遷怒的是他的兒女，這得另作別論。約伯怎樣看待他的當前處境，以及他會作出甚麼相應行動，全在乎他接納哪一個解釋，兩者間有著差天共地的分別。比勒達認為問題的根本在於約伯的兒子觸怒了上帝，約伯所受的苦源自兒子惡行所帶來的後果。由於約伯並非自食其果的緣故，其苦難也將會是暫時的。

危機介入的第三個步驟涉及如何幫助受輔導者渡過難關。史偉澤認為其意思是要從問題疏解資源庫中提取資源，幫助受輔導者作出決定，強調與他人的關係，並且從行動中汲取教訓。而斯通則指出它包括建立目標、提取一些有助達成目的的資源、建構可行的其他出路、採取行動，以及對行動作出反省，從而修正目標。

比勒達透過鼓勵約伯作出一些明顯是他的能力範圍所能及的行動來進入這個階段，約伯所當作的是在明天大清早走到上帝那兒，懇求上帝饒恕他的兒子們所曾作過的事情，藉此他便能展開新的一頁，他的健康和生計將會得到修復。這個議案與危機輔導者所擁有的期望相一致，他將會幫助受輔導者決定下一步該怎樣走，繼而實踐出來。比勒達相信這個步驟會帶來正面效果這一點，同樣反映著危機輔導者的觀點，認為即使是一小步也會增強受輔導者的自信、盼望和能力感，幫助他或她向前邁開更闊大的一步。

比勒達所提出的行動，同樣基於約伯那非正規的資源庫，特別是對約伯內在力量的評估。危機介入理論強調受輔導者那種處理問題的能耐作為他或她的主要資源。比勒達那關於兩棵植物的比喻說明了他的信念，認為約伯有著那種能夠有效地處理處境問題的內在力量。藉著這個比喻，比勒達再次重申他的提案，深信約伯只要踏出為兒子們惡行懇求上帝憐憫的一步，他便能為自己展開一個新生命。對於比勒達來說，正如其他危機輔導者一樣，目的是要讓約伯決定去作點甚麼。諸如這樣的危機，即使一個平時活躍果斷的人，也會陷入坐以待斃的危險中，約伯明顯就是如此。比勒達看出這種情況，因而乞求約伯一如往日般在清晨來到上帝面前，懇求祂施予慈愛。如果約伯能夠在災難襲擊之前如此作，他現在仍然有其內在資源去作同樣的事情。

危機介入的第四個步驟是跟進，在約伯的個案中這並沒有出現，因為約伯拒絕了按照比勒達的建議行事。相反，他們的談話焦點集中在事情的爭拗上，而那些事情通常都會在處事階段時提出來，一般也會獲得認同的。約伯反對比勒達對可用問題疏解資源的評估，也不同意他提出的那些相應行動。由於沒有作出任何行動，因此也用不著對行動作出甚麼反省和結論。明顯地，比勒達於危機介入的嘗試失敗了。當事實擺在眼前時，他跟以利法一樣，開始敵對約伯，直接指摘他的過錯。

為甚麼比勒達的嘗試會失敗呢？我們近距離一點觀察約伯對比勒達的反應，便會看出這些努力之所以沒有獲得成功，全因比勒達忽視了約伯因著危機本身所直接造成的內在轉變，這個轉變在於約伯認為自己是個義人的觀點上。比勒達所提議的行動全基於一個假設，就是認為約伯是無辜的、不需為那些發生在他身上的事情負上任何道義上的責任。約伯並沒有挑戰這個假設的客觀事實，但他卻告訴比勒達他已再也**感受**不到自己是無辜的了。約伯這種感受上的轉變在以下的呼喊中強烈地表達出來：「我雖有義，自己的口要定我為有罪；我雖完全，我口必顯我為彎曲。我本完全，不顧〔認識〕自己；我厭惡我的性命。」(伯九20～21)「我本完全」與「我不認識自己」這種語句上的錯置配對，說明了約伯已無法認同以前的我。[20]他沒有懷疑自己是否無辜，但卻不能再以公義作為他行事為人的一股強大推動力。他愈發認定自己的無辜，便愈顯出他的罪過。他再也無法找出任何個人的成就或力量來替自己的無辜，或是他所自稱的公義申訴。

在這樣的理解底下，約伯明確地表示了無辜受苦的可怕悲劇。有些人認為約伯可以倚靠著自己的無辜能夠站立得穩，但約伯卻反指其所忍受的苦難改變了一切，成為一個無辜的受苦者並沒有給他帶來甚麼優越感，因他所受的苦楚削減了其為無辜的感受。客觀看來，他知道自己並沒有做錯甚麼，但是受苦的經驗卻叫他質疑自己是否無辜，令他產生了自我懷疑，是他在受苦之前從未試過的。就算上帝承認他是無辜的，這會否修復他的內在靈性？會否修復他對生命的熱愛？約伯，作為一位受苦者，答案是全然否定的。

他可以怎樣肯定地回應比勒達的忠告和提議？這個問題是否簡單如把一棵生長在不蕪環境的植物拔出來，繼而栽植在另一些土壤裏？那棵植物幾乎瀕死的意識所造成的永久創傷又會怎樣？那棵植物曾經被所處身的土壤出賣和欺騙，假裝它並不存在，這種認知對那棵植物又會造成甚麼影響？它能否重拾對他人的信任？受苦的結果把約伯作為義人的身分認同徹底地「摧毀」了。[21] 他還能夠客觀地聲稱這個身分，但是在主觀領受上，這個身分已敗壞了，永久地名譽掃地。「我若行惡，便有了禍；我若為義，也不敢擡頭，正是滿心羞愧，眼見我的苦情。」(伯十15)

危機輔導法的神學

從今天的危機介入理論的觀點來看，比勒達的輔導技巧無疑是失敗的。他對自己過於自信，認為他已正確無誤地找出了約伯的根源問題(他的兒女犯了罪)。當一般人認為危機輔導者應當表現得強而有力，甚至帶點對抗性(因為這對於成功把受輔導者抽離那種「坐以待斃」的處境相當重要)的時候，比勒達卻異常地顯得教條傾向和過分的對抗性。

另一方面，基本的問題不在於比勒達在處理事情的步驟和技巧上表現差勁，卻在於他忽視了那更為深層的問題，就是約伯因著他的受苦經歷，改變了其自我形像的表白。客觀地說，約伯仍然視自己為無可指摘的，但他卻並沒有因為這樣的認知而得著安慰，只因他再也**感受**不到自己的清白，這是受到暴力對待的無辜受苦者的常有經驗(例如強姦、亂倫的受害者，以及遭受虐待的兒童)。這種感受也常見於遭受自然和經濟災害、戰禍和瘟疫的受害者。他們**知道**自己個人是無辜的，但是該等危機卻奪走了他們那種無辜的**感覺**。他們感到恥辱和蒙羞，經驗到自己是個失敗者，其身分永久地遭受損害。這就是約伯的景況，他向比勒達抱怨再也經驗不到自己是個無可指摘的人。對於一個以正直品性來建構其個人身分的人來說，這實在是一段強烈的悔罪詞，反映著箇中深刻的負面轉化。

但是比勒達的輔導努力卻是基於約伯沒有就其自我意識作出任何改變的假設上，儘管他在經歷著危機。他的腦海中從沒有泛起這個問題：到底約伯還有沒有這種需要用來解決危機的內在資源？他只是假定這些資源一直待在那兒，現在可以為了叫約伯得到復元和康復而提取出來。

約伯痛恨這樣的假設，他提醒比勒達，他的內在資源是基於其正面的自我認知，視自己為一個品格高尚、深受別人尊重的人。只是他再也不能這樣看待自己，因而失卻了那內在資源。

在我閱讀有關危機介入的文獻中，我發現比勒達的錯誤並非罕見。在長期的危機輔導中，我們往往會發現受輔導者那破損的自我認知，並且給予關懷；但是在非正規的危機介入討論中，卻通常沒有提及。危機介入關心如何推動受輔導者作出行動，即使該行動是多麼不顯眼和微不足道，但卻沒有就危機對受輔導者的自我形像所可能造成的影響作出系統性關注。這不是說那些涉及非正規危機介入的人們對這個問題不敏感，只是這個由鍾斯發展出來，及後由其他人作出修訂的方法並沒有就此作出系統性關注。這個方法假設了要使受輔導者作出行動，大抵而言，就是要發掘一些其他形式的行動，從受輔導者的問題疏解資源中建構一個資源庫，並且在兩者之間作出恰到好處的平衡。但是約伯的說話表明了情況遠較這個方法複雜得多。他不再感受到自己是個義人，因此，他無法假定自己是正直的，從而作出行動。主觀來說，這樣做是錯誤和虛偽的。但從另一方面來看，假定他是不正直的，並且以此來作出行動，這也是錯誤和虛偽的，因為他知道這不是他的客觀處境。所以約伯實在一籌莫展。他的處境是典型的兩難局面，無怪乎他選擇「坐以待斃」了。實際來說，他根本沒有其他選擇。危機介入理論假定了一大堆選擇或其他行動形式，但是約伯的危機經驗正正就是那種發現**別無選擇**的危機。

然而，這個發現卻存著一個正面的影響，是比勒達(作為危機介入者)完全忽略的。約伯明白到他無法在真實的世界中作任何事情，這卻激發起他的想像力。當他回應比勒達時，一個形像閃過他的腦際，就是有一位「在地上興起」的救贖主。這個形像製造了一個景象，救贖主在天庭中為約伯的正直復仇(伯十九25～27)。約伯知道不能為自己作甚麼，他便想像一位會為他興起和說話的救贖主。當這種在天庭伸冤的景象出現在他的腦海中的時候，他便再次**感受**到自己的公義。毫無疑問，這樣的感覺轉瞬即逝，但卻能在約伯心中點起星星火花。如果他打算採取甚麼行動的話，將會依據這個嶄新的、絕不熟悉的內在資源，這種內在資源並非在危機發生之前所建立出來的那一種。只是在整段與比勒達的談話過程中，約伯仍然執著於自己已經到了無路可逃的地步。

因此，比勒達和約伯之間的對話指出了危機本身在受苦者的自我認知上所造成的影響。對於約伯而言，這些影響是至關重要的；但比勒達卻認為無關痛癢。史偉澤間接地提及這樣的困難，他強調說：「危機在乎個人，而不是固有於事件本身。」他把焦點放在受苦者那種「有效地處理這類威脅程度的能力所作出的自我評價」來發展這個觀點。[22] 因此，自我認知主要被視為受輔導者就其處事能力的評價，而不是受輔導者對其內在生命的感知，正如約伯所反映出來的，其身分的主觀感受由一個無可指摘的人戲劇性地轉為一個不幸的受害者一樣。

這種自我認知的激烈轉變基本上是一個神學課題。當有些人認為它只屬於心理學的範疇，並不帶有明顯的神學含義或意思時，約伯的個案卻幫助我們看清自我認知的激烈轉變實在帶有深刻的宗教意義，不在乎受輔導者本人是否意識到這一點。它具有宗教性的原因，正如約伯所清楚看見的，自我認知的激烈轉變必會改變一個人對上帝的理解和經歷。我們並非單獨存在的個體，我們之所以為我們，在於能夠與其他個體建立關係。上帝是誰？祂是一個永存的自我，是我們無法逃避或忽視的。因此，當約伯的自我認知發生了激烈的轉變，他對上帝的認識也同時發生戲劇性的改變。他對自己和上帝失去了信心，使他把暫時的盼望寄放在另一個個體身上——一個會替他向上帝復仇的救贖主——這是同一個錢幣的兩面。因此，危機介入沒有注意到約伯自我認知的轉變，這樣的失敗不單關乎心理治療技巧的問題，基本上，這更是一個神學的缺陷。

危機介入理論在這一點上顯得毫無說服力的原因之一，是其以罪疚為其背後的神學假設，但約伯所感受到的過失和錯處卻關乎其羞恥感。客觀而言，他沒有犯罪；但主觀而言，他感到羞愧。因此，即使他是無辜的，他仍然感到自己犯下甚麼嚴重的過錯。他所經歷的危機是全然的羞辱（「正是滿心羞愧」）和極度的混亂（「不顧〔認識〕自己」），這兩個特徵清楚地說明了他的過錯感，是與羞恥，而不是與罪疚有關。即使比勒達確證約伯的個人無可指摘，也不能對約伯的處境有絲毫助益，因為指控約伯的是羞愧，而不是罪疚。倘若受輔導者的過錯感是本於羞愧的話，輔導者便需要以相當不同的方法去著手處理，不能把它當作過失與罪疚的問題來處理。[23]

有些人或會爭辯說，可以透過對危機介入理論作出修訂，好包攬某些會在受輔導者的自我認知上產生巨大影響力的危機這個可能性。然而，這無疑會使該方法變得複雜，並且減弱其效能。這個方法最大的優點是其簡單清晰，這反映在它按部就班的程序上。引介一種如前所述的、那麼深奧的考慮因素，肯定會犧牲其果效，因為沒有一個方法會在牧養關顧中能放諸四海而皆準，最合宜的進路是從現成的方法中尋找合適者，或是乾脆設計一個全新的方法，能夠在比勒達遇上約伯的處境中派上用場。相對於修訂危機介入方法，採用一個不同的方法會較為可取。

倫理、價值和意義輔導法

祈連堡主張倫理、價值和意義輔導法「不只是一種特別的牧養輔導工作。這些問題是在某層面上微妙而已隱晦地存在於所有人的進退兩難之中。」[24]然而，在某些處境中這類課題尤其重要。在他所撰寫的課本的原訂版本中，有一章論及宗教——實存問題，當中包括對「意義論題」的一些討論，[25]這一章後來作出了巨大的增修，反映了現時實踐神學對倫理和價值論題的重視。

祈連堡就一些主流更正教宗派毫不重視復和職事而深表遺憾，這主要是它們對那些無甚影響力的道德主義反應過敏之故。它們的疏忽受到那些一直獲得認可的輔導理論所強化。關乎倫理、價值和意義論題的輔導法應許會更生復和職事，雖然這一種更生，正如祈連堡所判斷的，要依賴於我們是否願意對罪疚這個課題認真地投入更多的注意力。對於祈連堡來説，問題是我們如何認真地看待罪疚所帶來的破壞性影響，而不致把它歸屬於早期的牧養輔導者與實踐神學家所恰當地反對的教條化道德主義。他主張我們現在所面對的問題是要「發現有效的方法去消除人的犯罪感，並幫助別人去建立良知」[26]。

在開始的時候，我們需要對一系列由他人帶到我們面前的**良心問題**有所理解。最少可分為六種：

1. 由適當的罪疚感所產生的良心
2. 被神經過敏的罪疚感所困擾的良心
3. 自以為義的良心
4. 缺乏適當的罪疚感所造成的發展未成熟或帶有缺陷的良心
5. 缺乏適當的社會責任感和社會罪疚感所造成的發展未成熟的良心
6. 價值和意義空虛的良心

從祈連堡的觀點來看，第一個我們要問的問題是到底該罪疚感是恰當的還是出於神經過敏：「客觀方面，適當的罪疚感，產生於真實傷害和削減個人的完全——包括這個人自己和其他人。主觀來說，適當的罪疚感，是由於一個人不能善用其內在自由，不管程度如何，都傷害了這個人，並且誤用了他自己在當時情況下所保有的自由。」[27]與此相反，神經過敏的罪疚感大多來自對內化了父母禁令的冒犯，它們通常牽涉一些雞毛蒜皮或無關痛癢的道德課題、憤怒情感、魯莽行事，或是性幻想和性衝動。神經過敏的犯罪感是無法壓止的，因此在現存任何真實的道德選擇中無法收放自如。它們是長期而慢性的，持續到一個地步，即使個人沒有涉及那些禁制行為，它們仍舊會出現。在許多受輔導者中，適當的罪疚感和神經過敏的罪疚感兩者是互為糾纏的，但我們可以透過下述的特徵來辨認出神經過敏的元素：

1. 它們不會對懺悔——饒恕的過程有所反應，而是被當事人緊纏不放。
2. 它們的焦點放在一些比較無關痛癢的道德課題，或是一些幻想和衝動上。
3. 它們甚少促成一些建設性的改動，或在產生犯罪感的行為中作出長期的改變。
4. 它們或會製造一些被虐傾向的滿足感。

祈連堡那用來治療神經過敏的罪疚感的提案與我們所關懷的約伯處境並無直接相關之處，沒有足夠證據證明約伯陷在神經過敏的犯罪感中，他並沒有執著一些相對地不重要的道德課題，或是甚麼幻想和衝動。他對他的輔導者和上帝流露出其憤怒情緒，但卻並非持續而長久的，而是針對一個特定的處境。他也沒有被虐傾向，相反，對於那加諸在他身上的痛楚，他並無任何滿足感可言。

那兩個發展未成熟的良心範疇也與約伯沒有真正的關連。它們所關心的個人只擁有微弱的良心——一種不負責任的個性結構，或是狹隘的良心——在私人或人際的課題上有一個發展成熟的良心，但是在社會公義的課題上卻顯出其未臻成熟的責任感。但這些都與約伯無關，他或許有不是之處，但絕不是個不負責任的人。他的輔導者們指控他無情地對待那些不幸的人，這深深地冒犯了他。「因我拯救哀求的困苦人和無人幫助的孤兒。將要滅亡的為我祝福；我也使寡婦心中歡樂。我為瞎子的眼，瘸子的腳。我為窮乏人的父；素不認識的人，我查明他的案件。」(伯二十九12～13、15～16)一個人作出這樣的聲明，即使它們被受質疑，這個人已有一種發展成熟的社會責任感和社會犯罪感。

剩下的良心問題與這個案有直接的關連，它們包括帶有適當犯罪感的良心、自以為義的良心，以及價值和意義空虛的良心。適當的犯罪感可以透過五個階段的步驟，來作出治療性的陳述：面對、懺悔、饒恕、補償及改變破壞性行為，以及復和。這個過程是一條「途徑引導我們由隔閡(不論與自己或別人及上帝)，因犯罪感而引起的隔閡，而至復和及完全的寬恕。」[28]過程中的關鍵階段在於輔導者在其代為面對問題的時候，幫助受輔導者去自我面對問題，使他知悉他或她做了某些傷害自己和他人的行為。這種自我面對問題的情況自會引向懺悔、補償，以及改變那些造成原初損傷和傷害的破壞性行為模式。只有當這種補償和行為上的改變出現了，我們才能聲稱復和真正發生了。

那些懷著自以為義的良心的人很少會就自己的問題尋求牧者的幫助，即使他們主動接觸牧者，也通常是要求幫助糾正某個家庭成員的行為，或是批評牧者或教會中某人不合乎他們的完美標準。自義是一種病態的防禦，是一種方法，為了「加強正在動搖中的自尊，它所靠的只是一種在道德上的優越感」[29]。藉著視他人在道德上和宗教上低人一等，這些人逃避了自我拒絕和自我審判的深刻經驗。直至他們感覺到需要求助，不然將幾無可能幫助自以為義的人軟化和人性化他們防衛性的良心，除非當他們發現自己為其自義付上過於沉重的代價，「遠離別人，自己飽嚐寂寞，並缺乏快樂」，[30]這種情況才會發生。

那麼價值和意義空虛的良心又如何呢？祈連堡大量引述了弗蘭克(Viktor Frankl)探索這個良心問題的文獻，指出許多人患上「慢性實存抑鬱症」，反映出「他們的生命欠缺了任何能促使他們行動的意義和目的」，他把引致他們挫敗的問題歸咎於他們那根本的「意義渴求」。對於弗蘭克，以及其他採用其意義治療法(logotherapy)的牧養輔導者來說，他們所輔導的人的根本問題是在意義和價值範圍內的極度空虛，其他生活上問題是這種虛無感的癥狀。輔導者的工作是去「幫助人找尋一種推動他們感情的意義。他認為這意義，潛伏在一個人生活中，可從以下三種價值觀內的一種或多種找到：**創作的**價值，例如做一些有意義的事；**體驗**價值，源自我們經歷的一些滿足人生的生活經驗，例如日落、好的婚姻關係、花的馨香、一段值得珍惜的回憶、一位朋友的笑容；和**態度**的價值，如無論個人的處境如何，採取積極的態度，即使環境非常惡劣，也當如此行。」[31]弗蘭克認為有宗教信仰的人，是一位會「向生活說：『我願意』的人；……這個人，無論生活帶給他的是甚麼東西，仍然要用生命有意義和價值的基本態度，去面對生活和存在的一切。」[32]祈連堡認為有兩個要素對一個有意義的生活來説是不可或缺的，一個是「開放、充滿能力，和上帝建立關係」，另一個是「充滿活力、超越個人生活的小圈子、超越以自我中心的委身」。[33]發現或重尋一個有意義的人生，可以由一個人與上帝的關係，或是透過委身於一項無可避免地關乎另一個人的事情作開始。

牧養關顧者可以怎樣幫助受輔導者重獲生活的意義呢？首要的工作是要確診問題是出自失去或缺欠意義。當受輔導者直接地談及年老或死亡、與上帝那種感到欠缺了甚麼的關係，或是關乎他們的終極關懷，我們大可分辨出他們正與生命的意義和目的糾纏著。然而，許多時候，意義的問題是很難判別出來的，他們對救援的呼喊，往往掩飾為呆滯而漫無目的的念頭或是空洞無生氣的渴求，或是隱藏在憂鬱的神情或帶有自殺傾向的思想和情感的言談中。因此，尋找意義的渴望通常以偽裝的形式出現，如反映在帶有誇張成分或故意叫人看見那種毫無意義感的行為上，又或是在受輔導者否認任何要重修生活意義的想望中所不經意流露的渴求。

其次，輔導者應用兩個牧養輔導的重點：生活上的當前問題，以及一個人全部問題的「根」。不論輔導者如何有效地幫助受輔導者解決當前的問題，這都不過是完成了工作的一半，另一半是「幫助他釋放其人性，並且刺激他生命的垂直層面作出成長」，或是協助他接納「作為世界上一個忠於自我的人的責任和機遇」。[34]要展開另一半的工作，輔導者可以提問這樣的問題：「你個人的宗教似乎與這個問題有關，正如你所認為的，對嗎？」或「考慮到在你的生活中長遠而言有甚麼是重要的，你認為這個決定如何？」這樣，牧者以宗教框架作為參照點，尋找受輔導者問題的定位。

第三，輔導者可以採用對質的方法，挑戰受輔導者缺乏發現任何生活意義的洞察力。「牧養輔導者絕不能怯於提及人類命運的問題」，事實上，輔導者的任務就是「幫助人發問一些『大問題』——『我的生命有甚麼意義？』『為甚麼我會在這裏？』『我與全能者的關係怎樣？』並且替這些問題尋找有意義的答案。」這些問題經常存在於受輔導者的腦海中，只是他們並不察覺。假如這些問題被提升至意識層面，受輔導者將能夠「面對他的存在性焦慮，並且把它納入他的自我意識中。」[35]這類問題或許看來有點抽象，或與當前問題毫不相干，但它們卻是**牧養**輔導者最大的關注，他或她實在有其道德義務去把它們提出來。羅洛梅（Rollo May）說：「假如治療師不讓病人得悉他正處身於一個完全有可能喪失或丟掉其生存狀態的光景中，他就是在危害著那病人，」而讓病人明白其景況正正是「他在這個非常時刻所應當作的」。[36]

作為倫理、價值和意義輔導者的瑣法

我們已經留意到以利法和比勒達嘗試勸喻約伯向上帝「認錯」，但都被約伯拒絕，他的反抗更觸怒了他們，在繼後的談話中，語氣變得愈來愈敵對。然而，把敵對本質突然升溫，直指約伯不是的卻是瑣法。他打從開始便觀察到雖然約伯說了許多辯詞，但也無法洗脫罪名（伯十一2）。事實上，他那狂妄、戲謔和自義的態度可能叫他人無言以對，甚至使真理默然無聲（伯十一3～4）。於是瑣法投下了他的炸彈：「當知道上帝追討你比你罪孽該得的還少。」（伯十一6）

這是一份雙重的指控狀。第一方面，它指控約伯的罪行，反駁他是無辜的宣稱。第二方面，它否決約伯認為他是上帝受害者的觀點。上帝並沒有如約伯所言的有欲置人於死地的隱藏渴望，相反，在這個特殊的案例中卻清楚地展示了上帝那尚未為人察覺，充滿慈悲憐愛的一面，因為上帝並沒有就約伯罪行所要求的照價賠償。上帝想到要在約伯身上加諸更大的苦楚，這樣才算恰恰當當、妥妥貼貼。

約伯滿以為自己通曉了一些關乎上帝的可怕真理——上帝那種邪惡、記仇和好虐待的處事作風——這實在是何等荒謬！約伯根本一無所知！上帝的奧祕是人類智慧所無法測度的（伯十一7）。祂的智慧高過諸天、深過陰間、闊過大地、寬過海洋（伯十一8～9），約伯的錯謬在於把上帝的隱藏描繪為說謊和惡意。靠近上帝的隱密處，我們發現了無法預期的慈愛和憐憫。但當我們相距還遠的時候，應當保持沉默。然而，我們不也可以假設上帝這無法讓人接近的部分，正好等同於祂的隱藏特性那最能讓人親近的一面嗎？

在一個更為實際的層面上，瑣法清楚知道約伯對上帝的談論只是一堵煙幕，幫助他分散輔導者的注意力，不去留心那真正的問題：他不欲揭示自己那隱藏——充斥著罪惡——的本我。當約伯投訴上帝是那雙意欲察看他有否犯罪的「靈眼」時（伯十14），瑣法卻為上帝辯護，說：「人的罪孽，祂雖不留意，還是無所不見。」（伯十一11）上帝並非盲目地尋找罪惡，而是像一位專業監督，在可能出現罪惡的地方作出尋找。假如約伯是上帝那雙靈眼的目標的話，大抵是由於他有甚麼不可告人之處。

在肯定約伯確有其罪之後，瑣法說出一些條件，約伯必須符合它們才能重獲上帝的歡心。不像以利法和比勒達的提議，瑣法所列出的條件是基於約伯確曾犯罪這個假設上，只有當他重整其思想、以謙卑順服的態度向上帝伸出求援之手、從生活中剔除罪孽，又收回曾向友人說出的謊話（伯十一13～14），他的生命才有得著轉化的可能。如果約伯這樣作，他可仰起臉來，毫無斑點。他將會安全而不受驚嚇，忘掉苦情，即使想起來也如淙淙流水般轉瞬即逝。他的世界比正午還要明亮，黑暗也如早晨一樣。因著盼望他能信靠，安穩地尋找和歇息。（伯十一15～18）

簡單而言，瑣法相信約伯是有罪的，只是約伯無法在他的處境中認清自己到底犯了甚麼罪。相反地，他訴諸自己的公義，把問題歸咎於上帝，這使他無法認清自己的罪孽。因此，瑣法的輔導方法就是要規勸約伯承認自己的罪。瑣法說出那四個約伯必須符合的條件（重整其思想、以謙卑順服的態度向上帝伸出求援之手、從生活中剔除罪孽，又收回曾向友人說出的謊話），以重奪上帝的歡心。他的籲請本質上與祈連堡所提倡用以治療適當的罪疚感的五層步驟一樣，問題是約伯在面對自己時無法看清瑣法所加諸他身上的罪過，或許在他年輕時曾經做過甚麼得罪上帝的事情，致使祂敵對他，然而，為甚麼在這麼多年後，就是在他再也不能記起哪些過錯的時候，災難才臨到他？（伯十三26）對於瑣法而言，承認幼年時的罪孽完全是一種偽裝的表現，證明約伯根本不想或沒打算揭示自己的罪行。假如他的罪行會自動顯露出來的話，瑣法用不著約伯的幫忙便可自行辦妥。

瑣法暗指約伯曾經欺壓和離棄貧窮人，強奪非自己所蓋的房屋。（伯二十19）正如某釋經家所指出的：「對待貧困人的態度和行動是檢視約伯正直和公義與否的基本量度工具，剝削貧窮人是〔他的輔導者們〕直指約伯最嚴厲的指控。在他最後的陳詞中，他花了更多時間去為著自己怎樣對待那些被侵權的人辯護，而不太著意辯護其他生命中的事情。真正『罪惡』的試金石是對弱勢人士的欺壓。」[37]

然而，瑣法的指控是否一無是處？它又有甚麼根據？毫無疑問，著者想我們了解到他曾作出了錯誤的診斷，並不是約伯否認自己有任何罪孽，而是他無法理解為何要受那麼大的痛苦。這不表示那復和的五層步驟模式本身無效，只是把它套用在這個處境中卻顯得完全不恰當。

有沒有任何根據支持瑣法的論點，認為約伯犯上了自義的罪呢？有一些原因看似是合理的。其中一個是自義本身是一種病態性防衛，一種試圖「以道德優越感來強化自己遭受動搖的自尊」。約伯的自尊遭受一連串的攻擊：失去了社會地位、身體健康、家人的尊重、妻子的關愛。我們可以想像他拒絕承認自己有罪，是為了試圖持守他仍然保有的自尊。另一個原因是他聲稱自己是無辜的，這與自義本身同樣有著一種典型而相同的人際及情緒效果，就是「與人隔絕」，以及「寂寞和毫無喜樂」的感受。

然而，正正由於約伯以自義者自居來回應他的苦難，而且又正正由於他堅稱自己是無辜的，這與宣稱自己為義得著相同的後果，這一切才顯出他不是一個自義的人。這些反應和後果反倒反映了一種價值和意義的真空。堅持約伯的確犯了罪，把無辜的自辯歸因於自義的良心，這樣，瑣法錯過了一個非常明顯的事實——約伯正在經歷一種意義上的真空。

在與三個朋友的談話中，約伯盡顯他對價值和意義的真空感。他幾番爭辯沒有活下去的理由，對他來說，生命已了無意義，他為著自己的誕辰而悲哀。他失掉了那兩個使人活得有意義的必需元素：「與上帝有一種開放而精力充沛的關係」，以及「一種超越小我成就大我，並且滿有活力的委身」。

在這段談話的過程中，他表現為一個質疑生命價值的人。在一個沒有更高道德秩序的世界裏，我們為何要品格高尚？當人遭受無緣無故和毫無意義的苦難時，為何還要持守生命有意義這種信念？稱這為「存在的憂慮」、一個人「意欲尋找意義」的挫敗感，或是「生命了無意義和目的」的感覺，不論我們怎樣稱呼它，這都是約伯的景況。他正受罪於一顆空虛的良心，感受到無論他做得對或錯、負責任或不負責任、信守或破壞承諾、說真話或講謊言、活下去或乾脆死掉，這一切都沒有甚麼大不了。不論在天上或人間，邪惡都可悠然存在；或生或死，犯錯者都不會受到制裁。在這樣的情況下，哪裏還有終極的規範和標準，讓我們為著生存的意義而重整自己的生命呢？

倫理、價值和意義輔導法的神學

瑣法給約伯的處境斷錯了症，他認為是約伯犯了罪，因而嘗試叫他認罪、作出補償，以及與上帝和那些他曾經開罪的人復和。當約伯不肯這樣作時，瑣法便把他看成自以為義。

如果瑣法沒有給約伯的處境斷錯症，事情會怎樣發生？如果他把約伯看為一個受罪於意義真空的人來予以看待，事情又會怎樣？他會作些甚麼好能幫助約伯克服其空洞的良心？其中一個進路就正如弗蘭克所倡議的，透過三類價值的其中一種來幫助這些人在他們的生命中尋找一種可以鼓動他們的意義。我們可以鼓勵約伯做點有意義的事情(創作的價值)；我們可以邀請他回味生命中一些令人感到滿足的經驗，諸如處身夕陽斜照中、一段幸福的婚姻，或是一刻珍貴的回憶片段(體驗的價值)；我們可以挑戰他採取某種具建設性的觀點來審視自己的景況，不論這個觀點看來是如何的沒有指望(態度的價值）。

假如瑣法採用這條進路，他所憧憬著的成功，無疑有助於約伯對生命帶有一種更積極的態度。約伯此刻士無鬥志，不過是一個被社會遺棄的賤民，這種處境並不能促使他作任何有意義的事情，因為在如斯景況中實在很難尋找到一些令人滿足的經驗（花朵的幽香已為他身上的惡臭所掩蓋），再加上在這樣的痛苦和折磨中，讓他難以回想往日的經驗，這也難以訴諸他那體驗價值的感覺。瑣法認為能夠幫助約伯以一種具建設性的態度去面對他那極度不幸的處境，這將會是他企盼得到的成功。這條進路意味著幫助他再次成為一個「宗教」人士，一個「會對生命說『是』」和「不論生命帶來甚麼，仍然抱持著生命可貴的信念面對每時每刻」的人。

然而，瑣法是怎樣作呢？他採用了甚麼樣的進路去幫助約伯建立一種積極的態度來面對他的處境呢？根據祈連堡的說法，輔導者在意義真空輔導中所扮演的角色，涉及以一些「大問題」來質詢受輔導者：我的生命有甚麼意義？為甚麼我會在這裏？我與全能者的關係怎樣？但約伯早已問過了這些大問題，每次追問只會徒增其意義真空。以利法認為約伯應該在得悉自己生命尚存這一點上得著安慰——尋求意義？但約伯所問的問題卻是「我為何不出母胎而死？為何不出母腹絕氣？為何有膝接收我？為何有奶哺養我？不然，我就早已躺臥安睡。」（伯三11～13）

倫理、價值和意義輔導法幫助我們觀察到約伯陷在意義真空的景況中，但即使這方法幫助我們釐清了問題所在，卻對舒緩問題並不見有甚麼功效。我們怎能幫助一個身陷約伯處境的人以一種具建設性的態度去面對人生，尤其當這個人已無法作出任何有意義的事情，也沒有一些令人滿足的經驗可供品嚐的時候？這個方法把我們虛懸半空，它有助於診斷病情，但在如何幫助這個人重新確立一個有意義的存在這方面卻顯得模糊不清。其自身顯出了它的神學缺陷，問題是如何幫助一個人再次成為一個「宗教」人士，一個即使面對生命無常，仍能向生命說「是」的人。

如果危機介入法失敗於沒有重視遭受災難對約伯自我認知所造成的影響的話，那麼意義輔導法對舒緩非人性化所造成的相關影響提供了太少指引。當一個人再無法作出任何有意義的事情，而且也沒有甚麼令人滿足的經驗可供細想，他或她正經歷著非人性化的過程，從他或她身上奪走了人類存在最根本的素質，這種素質容讓我們宣稱自己是由上帝的形像所創造。我們不能夠期望有一種輔導方法可以給牧養輔導者就逆轉這種非人性化的情況提供一切所需要的答案，但是我們有權期待它會提供一些朝向目標的可行指引。

易構法也沒有包攬所有答案，但在對待一些有感人生失去意義的人，這卻是一個尤為有效的治療介入。弗蘭克的意義治療法把焦點調校在意義的損失上，經常用到易構法。在弗蘭克的弔詭意圖技巧上，把易構法視為當中的靈魂核心，這樣的說法也不為過。互茲拉威克得助於弗蘭克，這反映在他處理一個喪妻後有感人生了無意義的受輔導者時所引述弗蘭克的一段話：

> 生命已經了無意義，一切美麗和值得活下去的事情都已隨著那病歿者一併離開了世界。在這樣的框架中，只有死者復活才能再次喚起生者的存在意義。弗蘭克透過邀請病人發揮其想像力來作出易構，他當然無法令死人復生，但他卻給病人介紹另一個人，

> 這個人不單在外表上，而且在每一方面都酷似那死者。這個人被預先告知死者的一切生平軼事，以致他們能夠回顧和討論每一段共同經驗的細節。那病人會否接納這個人作為一個有效的代替品？在試圖回答這個問題的時候，病人會被要求脫離其惡性及封閉的哀傷圈子，以另一個角度來審視他的損失。弗蘭克報告說他的病人通常都會拒絕接受這樣的一個虛構代替品。在獲得病人的拒絕答案時，弗蘭克在病人的世界形像中製造了一種決定性的轉變：他柔和地讓受苦者接受至愛離世是一件不可逆轉的事實，因而與此保持了某段距離。[38]

要求病人脫離其惡性及封閉的哀傷圈子，以另一個角度來審視他的損失，這是易構。我們也將會看到，這便是上帝要求約伯去做的事情。

結語

假如在這一章所探索的牧養輔導法都是些舶來品，極少為人選用的話，我們會很容易編出它們之所以無效的理據。然而，它們卻是牧者最常用的方法。由於它們無法處理約伯的問題，因而在處理一些身陷如約伯處境的人的問題時，它們也似乎無能為力。猶太拉比古舒拿（Rabbi Harold S. Kushner）那本膾炙人口的著作《當好人遇上壞事情》（*When Bad Things Happen to Good People*）正好展示出大量與約伯同病相憐的人物。[39]這是否意味著牧者無法為這些人提供任何援助？他們不過是「無用的醫生」（伯十三4）？

無疑，我們不需要這樣認命，反倒要較平時更為批判性地思考**為甚麼**我們的方法會對某些人無效。我個人認為那些常用方法之所以失敗，全在於它們已被定性為一成不變的方法，它們的目的是為了幫助那些遭受災禍打擊的人回復昔日光景一樣，用另一種話來說，這些方法都旨在作出一階轉變。

假如這是真的，對於那些在看待上帝、看待自己，以及看待現世生命都經歷著徹底轉變，肯定無法回復昔日光景的人，我們憑甚麼假定這些方法能夠在他們身上奏效？這些人經歷著痛苦，同時也面對著二階轉變的挑戰——生命系統自身的轉變。他們無意重回昔日舊有的狀態。為甚麼他們需要這樣作呢？希伯來書著者在稱讚那些信心偉人甘願使自己成為客旅，流徙於大地間的時候指出：「他們若想念所離開的家鄉，還有可以回去的機會。他們卻羨慕一個更美的家鄉。」(來十一15～16)

現世的約伯們可以走回頭路，只要他們有這樣的想法。但為甚麼呢？以利法、比勒達和瑣法代表著舊有狀態，要把現況納回正軌，但約伯卻代表著另一類人，渴求更多的東西——一種對上帝、對自己、對世界全然嶄新的認識。對於那些維護不變狀態的人來說，約伯這種新念頭是差勁的、病態的和空洞的，直與死亡為伍。然而，約伯卻不是這樣認為，他反倒激烈地為自己的正直辯護，反對輔導者們那些要證明他是如何病入膏肓和性情乖僻的努力。他所辯護的正直源自於一個**全新的**約伯——備受傷害、遭到非人性化對待，和因外在環境而變得激進——就在現狀的爐灰中出現。這個約伯是他們無法認真對待的，他們的輔導法也容許他們把約伯擱在一旁。

註釋

1. Howard Clinebell, *Basic Types of Pastoral Care and Counselling: Resources for the Ministry of Healing & Growth* (Nashville: Abingdon, 1984), pp.170～171。祈連堡著，伍步鑾譯：《牧養與輔導》，(香港：基督教文藝，1988)，頁159～160。譯按：此譯本根據英文修訂本翻譯。
2. Clinebell, *Basic Types of Pastoral Care and Counselling*, pp.171～172。祈連堡著：《牧養與輔導》，頁160～161。
3. Clinebell, *Basic Types of Pastoral Care and Counselling*, p.174。祈連堡著：《牧養與輔導》，頁163。
4. 參Norman C. Habel, *The Book of Job: A Commentary* (Philadelphia: Westminster Press, 1985)，頁135。
5. Clinebell, *Basic Types of Pastoral Care and Counselling*, pp.173～174。祈連堡著：《牧養與輔導》，頁162。
6. Clinebell, *Basic Types of Pastoral Care and Counselling*, p.171。祈連堡著：《牧養與輔導》，頁160。
7. Judith A. Cook and Dale W. Wimberley, "If I Should Die Before I Wake: Religious Commitment and Adjustment to the Death of a Child"，載於*Journal for the Scientific Study of Religion* 22 (1983): 222～238。
8. Gordon W. Allport, *The Individual and His Religion* (New York: Macmillan Company, 1950), pp.58～59.
9. William James, *The Varieties of Religious Experience* (New York: Mentor Books, 1958), chs. 4～5.
10. Clinebell, *Basic Types of Pastoral Care and Counselling*, p.177。祈連堡著：《牧養與輔導》，頁166。
11. Clinebell, *Basic Types of Pastoral Care and Counselling*, p.184。祈連堡著：《牧養與輔導》，頁173。
12. Howard W. Stone, *Crisis Counseling* (Philadelphia: Fortress, 1976), pp. 32～48.
13. 參Clinebell, *Basic Types of Pastoral Care and Counselling*, pp.205～208。參祈連堡著：《牧養與輔導》，頁195～198。
14. David K. Switzer, *The Minister as Crisis Counselor*, rev. ed. (Nashville: Abingdon, 1986), pp.65～89.
15. Clinebell, *Basic Types of Pastoral Care and Counselling*, p.199。祈連堡著：《牧養與輔導》，頁189～190。
16. Clinebell, *Basic Types of Pastoral Care and Counselling*, p.188。祈連

堡著：《牧養與輔導》，頁177。

17. Clinebell, *Basic Types of Pastoral Care and Counselling*, p.190。祈連堡著：《牧養與輔導》，頁178。

18. David K. Switzer, "Crisis Intervention and Problem Solving"，載於*Clinical Handbook of Pastoral Counseling*, ed. Robert J. Wicks, Richard D. Parsons, and Donald Capps (New York: Paulist, 1985), p.135。

19. Habel, *The Book of Job: A Commentary*, p.177.

20. Habel, *The Book of Job: A Commentary*, p.194.

21. 參Erving Goffman, *Stigma: Notes on the Management of Spoiled Identity* (Englewood Cliffs: Prentice-Haill,1963)。

22. Switzer, "Crisis Intervention and Problem Solving", p.135.

23. 想要進深探索牧養關顧處境中羞愧的神學含義，可參Donald Capps, *Life Cycle Theory and Pastoral Care* (Philadelphia: Fortress, 1983), ch. 4；另參John Patten, *Is Human Forgiveness Possible?* (Nashville: Abingdon, 1985)。

24. Clinebell, *Basic Types of Pastoral Care and Counselling*, p.139。祈連堡著：《牧養與輔導》，頁127～128。

25. Clinebell, *Basic Types of Pastoral Care and Counselling*, ch.4。祈連堡著：《牧養與輔導》，第一版為第十四章；修訂版為第六章。

26. Clinebell, *Basic Types of Pastoral Care and Counselling*, p.140。祈連堡著：《牧養與輔導》，頁129。

27. Clinebell, *Basic Types of Pastoral Care and Counselling*, p.141。祈連堡著：《牧養與輔導》，頁130。

28. Clinebell, *Basic Types of Pastoral Care and Counselling*, p.142。祈連堡著：《牧養與輔導》，頁131。

29. Clinebell, *Basic Types of Pastoral Care and Counselling*, p.153。祈連堡著：《牧養與輔導》，頁143。

30. Clinebell, *Basic Types of Pastoral Care and Counselling*, p.154。祈連堡著：《牧養與輔導》，頁143。

31. Clinebell, *Basic Types of Pastoral Care and Counselling*, p.159。祈連堡著：《牧養與輔導》，頁148～149。

32. 引自Clinebell, *Basic Types of Pastoral Care and Counselling*, p.159。引自祈連堡著：《牧養與輔導》，頁149。

33. Clinebell, *Basic Types of Pastoral Care and Counselling*, p.159。祈連堡著：《牧養與輔導》，頁149。

34. 此引文出自英文原著第一版。Howard Clinebell, *Basic Types of Pastoral*

Counselling (Nashville: Abingdon, 1966), p.255。

35. Clinebell, *Basic Types of Pastoral Counselling*, p.256.

36. 引自Clinebell, *Basic Types of Pastoral Care and Counselling*, p.257。引自祈連堡著：《牧養與輔導》，頁257。

37. Habel, *The Book of Job: A Commentary*, p.318.

38. Watzlawick, *The Language of Change*, pp.120～121。同參Viktor Frankl, "Paradoxical Interventions"，載於*American Journal of Psychotherapy* 14 (1960):520～535。

39. Harold S. Kushner, *When Bad Things Happen to Good People* (New York: Avon Books, 1981).

第七章

上帝的作為——二階轉變的易構

在約伯的輔導者們放棄對他再作任何輔導之後，上帝介入了，並且透過這次介入，在他們失敗之處取得了成功。為甚麼上帝會成功呢？

有些人認為上帝之所以成功只因為上帝就是上帝，祂大可隨心所欲。另一些人堅持上帝之所以成功在於任何人以某種直接和壓倒性的方式經歷上帝，都無可避免地產生深遠的改變。但仍然有些人相信上帝的成功全因祂真正向約伯說話，向他說及一些能使他以不同角度看待事情的東西。對於這類觀察者而言，是上帝回應的真實內容——上帝所說的話——令約伯產生改變。

許多約伯記的註釋者均相信第三種觀點才是約伯記著者所認同的觀點。約伯並不是在上帝顯現後立時作出轉變，而是經過上帝一篇冗長的說話，這顯示出上帝的純粹顯現——不論這是如何的震撼——都不是決定性因素，惟獨上帝向約伯所真正說過的話語才是主因。

因此，我們現在所關注的是到底上帝向約伯說了甚麼，與約伯那羣輔導者們所說過的話作一對比。我深深相信上帝向約伯所作出的回應是易構的一個實例，祂的成功在於其易構對約伯產生了二階轉變。

上帝對約伯的回應

第一次回應：肯定約伯的正直

上帝對約伯的回應包括兩部分：第一部分（伯三十八1～四十5）以恐嚇字句作開始：「誰用無知的言語使我的旨意暗昧不明？你要如勇士束腰；我問你，你可以指示我。」（伯三十八2～3）接著上帝鋪陳了一系列問題挑戰約伯，要他就大地和海洋的創造、地底世界的位置，以及天空的疆界作出一手知識的解答：「我立大地根基的時候，你在哪裏呢？你若有聰明，只管說吧！你若曉得就說，是誰定地的尺度？」（伯三十八4～5）約伯「曾進入雪庫」嗎？（伯三十八22）他知道「光亮從何路分開」嗎？（伯三十八24）那些星宿又怎麼樣呢？「你能繫住昴星的結嗎？能解開參星的帶嗎？」（伯三十八31）「你知道天的定例嗎？能使地歸在天的權下嗎？」（伯三十八33）毫無疑問，約伯並沒有就這一連串劈首過來的問題作出回答，他能說甚麼呢？

上帝把話題轉向動物王國繼續發問：「母獅子在洞中蹲伏，少壯獅子在隱密處埋伏；你能為牠們抓取食物，使牠們飽足嗎？」（伯三十八38～39）「烏鴉之雛因無食物飛來飛去，哀告上帝；那時，誰為牠預備食物呢？」（伯三十八41～42）「山巖間的野山羊幾時生產，你知道嗎？母鹿下犢之期，你能察定嗎？牠們懷胎的月數，你能數算嗎？牠們幾時生產，你能曉得嗎？」(伯三十九1～2)「誰放野驢出去自由？」(伯三十九5)「野牛豈肯服事你？豈肯住在你的槽旁？你豈能用套繩將野牛籠在犁溝之間？牠豈肯隨你耙山谷之地？豈可因牠的力大就倚靠牠？豈可把你的工交給牠做嗎？豈可信靠牠把你的糧食運到家，又收聚你禾場上的穀嗎？」(伯三十九9～12) 上帝繼續盤點祂所創造的生物，追問約伯關於鴕鳥的愚笨和華美、馬匹的力量、鵰隼的翺翔，以及雄鷹的嗜血。再一次，約伯無言以對。

知道約伯曾經對上帝興訟，要上帝與他對簿公堂，上帝因而不無挖苦地詢問他：「強辯的豈可與全能者爭論嗎？與上帝辯駁的可以回答這些吧！」(伯四十2) 約伯為此作出最後回應：「我是卑賤的！我用甚麼回答祢呢？只好用手摀口。我說了一次，再不回答；說了兩次，就不再說。」(伯四十4～5) 這樣便結束了上帝回應約伯的第一部分。

事情是怎樣發展的？上帝真正向約伯說了甚麼？他們兩者之間到底發生了甚麼事？有一位註釋者認為上帝在這部分所作出的回應是要諷刺性地滿足約伯的期望。[1]上帝在旋風中出現是為了滿足約伯認為上帝會應約出現的預期，然而，這種出現方式卻又不是約伯所期待的。約伯為著他與上帝的約會而訂下了某些條件，首先是上帝不會恫嚇他，免得他不敢向上帝說話。事實上，上帝並沒有公然地恐嚇他，但卻以一連串使人糊塗和修辭性問題挫掉約伯的銳氣。第二個條件是上帝會召喚他，然後約伯會就著上帝的指控來作出辯護；或是恰好相反，約伯陳明他的案情，上帝繼而作出反駁。明顯地，上帝選擇了前者，祂召喚了約伯，但事情卻並非如約伯所認為的那樣發展。上帝沒有應約伯的要求告知他的罪狀，反而全盤忽略了約伯有否犯罪的整個問題。

約伯渴望與上帝會面的要求受到特別的尊重，但卻是按照上帝的條款而不是他的。上帝向約伯發問，但約伯卻啞口無言，因為這些問題是他從未預料得到的，無論如何，這些問題都不是單靠頭腦能夠作出回答的。它們與約伯所宣稱的罪行和過失沒有絲毫關係，它們都是一些聰明的修辭性問題和謎語——需要祕傳知識才能解得通的事情。它們直令約伯無從防衛，因為它們與約伯所假定他與上帝之間的爭論完全無關。約伯已準備好在上帝面前為自己的正直辯護，申訴自己的清白，澄清所有對他的指控。但上帝卻毫不理會，對祂而言，約伯的無辜或罪行似乎全不是問題。我相信這是由於上帝看出約伯的真正問題不在於他拒絕認罪——正如瑣法所指控的——而在於他意識到生命了無意義的深邃感覺。我遲些會再討論這一點。

上帝不去討論那些一直糾纏於約伯和他那三個輔導者之間的問題這一點，令同一位註釋者指出上帝對約伯所作出的回應是一種帶著主題的震盪。上帝對約伯的回應與先前對話兩者間並沒有甚麼關連。罪與苦兩者間有何關係的問題——整個輔導對白的中心主旨——甚至沒有在上帝的回應中被提及，甭提那些直接質詢約伯正直與否的問題了。與此相反，根據這位註釋者所說的，上帝回應約伯的第一部分的基本要旨是關乎那位作為這個複雜世界的創造主的**上帝**其本身的正直！[2] 為上帝的正直作出辯護帶引出一個概念，就是受造界及其中的一切都是全弔詭的。當幼獅或雛烏鴉向上帝呼求食物時，上帝可以怎樣作？如果不向牠們供應食物，牠們必會捱餓；如果上帝為牠們預備獵物，那些獵物便成了無辜受害者。上帝這樣作出回應，其背後所隱含的挑戰是：約伯，你能否做得更好？你能否創造一個當中沒有無辜受害者的世界？

如果上帝回應的內容是一種帶著主題的震盪的話，根據這位註釋者所認為的，其結構也相當公整。該回應所包含的不同環節緊緊相連，逐步強化，表示上帝所設計的這個宇宙，是一個經過精心安排監控的結構網絡和過程。[3]這個網絡包括世界的極地——在上的天堂、地底下的世界，以及居間的大地。它的複雜性反映在不同範疇之間的互動，特別是上天與大地的關係，支撐著人類的生命，其中精密的控制反映在上帝對動物王國的管理上，它既威脅著人類社會，同時也受著人類社會的威脅。正如人類不會接受被野生動物奴役一樣，動物也不會任由人類宰割。「牠（野驢）嗤笑城內的喧嚷，不聽趕牲口的喝聲。」這句話正好說明這種狀況。因此，動物世界和人類社會跟著不同鼓手的節奏前進，倘若上帝不去保障他們各自的自由免遭對方侵擾的話，他們將無法並存。

弔詭而不是理性的秩序，為這個作為精密監控的結構網絡和過程的宇宙這幅素描譜出了基調。世界上不同的秩序並非以一種理性和合乎邏輯的方式進行互動，而是在經常變動模式的互動中汰弱留強，這解釋了為何宇宙的設計是人類腦袋所無法掌握的，其關係的網絡叫人嘖嘖稱奇——彷如上帝在旋風中向約伯顯然一樣出奇不意和異乎常理。

一個關乎弔詭而特別具有說服力的例子展現在於鴕鳥的世界結構中。牠非常愚蠢，把蛋棄置在容易被踹碎的地方，對待幼雛的態度彷彿牠們不是由牠所出的一樣。然而，牠卻高傲而尊貴，以「顯慈愛的翎毛和羽毛」「展開翅膀」，「嗤笑馬和騎馬的人」。（伯三十九13～18）簡言之，牠是一個活生生的弔詭，由愚蠢和尊貴、白痴和華麗所組合而成。因此，以利戶藉著鋪陳上帝的作為（伯三十六22～三十七13），強調祂創造和引領世界的絕對權能。這番言論強調在世界的管治中包含了競爭的訴求，一種互相監察的模式，這兒的損失意味著那兒的得著。在宇宙秩序中存在著設計，上帝掌管著它，我們不應尋求理性秩序，反倒留心當中許多弔詭之處。

因此，上帝並沒有回答約伯與他的輔導朋友們所熱烈地討論著的主旨和問題。然而，在提及宇宙的弔詭性本質時，上帝間接地回應了約伯的處境。如果世界自身本來便是弔詭的，那麼，我們便不須對無辜人受苦，或是惡人得到善終的現象感到奇怪。假如世界存在著合理的秩序，這一切都不會發生。但是世界的秩序卻是如此弔詭，她不算是雜亂無章，而是一種稀奇古怪的秩序，正如鴕鳥所反映的秩序一樣，牠的生命核心就是一個弔詭：一隻鳥怎能那麼愚蠢和遲鈍，卻又那麼尊貴和自傲？

由於上帝只是間接地回應約伯的處境，祂對約伯的回應仿如比喻一樣。透過比喻，我們並非直接解答問題，而是把判辨故事與手頭問題有何關連的責任放置在聆聽者的肩頭上。因著上帝並沒有直接提及約伯的苦難、他的罪過、他對上帝的申訴，或是他要傳召上帝上庭對質的渴望，使得祂的回應似乎毫不相干。然而，當把它看成是一個比喻的話，這段說話便變成對之前所出現過的基本主旨——世界的弔詭性本質——的一次深邃而又相關的回應：不單在於義人受苦惡人興旺，更在於一個更為深層次的弔詭：義人**知道**其公義，卻對此毫無**感覺**。

鴕鳥的比喻指出了上帝整體回應的比喻本質，說得清楚一點，這是對約伯本身的一個間接註釋。[4]鴕鳥是一種不能飛翔的鳥類，這事實暗指這類雀鳥與人類之間存在著一種相近的類比關係——肯定較鷹和隼來得近似。起初，鴕鳥炫耀自己，歡然地搧動翅膀，展示牠的翎毛和羽毛。然而，牠卻把蛋遺留在容易遭受踹碎和踐踏的地方，毫不愛惜地對待自己的幼雛，彷彿牠們不是自己所出的一樣。這並不表示牠的心腸惡毒，而只在於牠毫無智慧與判辨能力。但是無論怎樣，雖然牠沒有能力如牠（或我們）所願的聰明一點，牠仍是一隻無可否認地令人難以忘懷的雀鳥，以至在挺身展開翅膀之時，能夠嗤笑馬和騎馬的人。（伯三十九13～18）

假如這個比喻，或是比喻中的比喻，是為了約伯，以致他能夠從鴕鳥身上看到自己的影子，其重點必定不在於約伯是否犯了罪，也不在於他毫不掩飾地擺出一副引以為傲的姿態。他的確有不少叫人印象難忘的特質，但也有一些個人特徵是不那麼令人留意的，就是那些全然愚昧的痕迹。這種愚昧並不關乎罪過，也不是要悔改的理由，但卻明確地説明了一件事：約伯並非如他所認為的那麼聰明。

有些讀者認為鴕鳥不顧自己的兒女，就是暗指約伯對其子女所犯的罪，這指控由瑣法提出來的，影射惡人的兒女要當作窮人的補償（伯二十10）。[5]然而，這個比喻與約伯的相關之處不在乎這些被提出來的血緣關係，它的應用與約伯作為單一個體無關，而在於他作為整個人類的代表——一個本身存在著弔詭的物種：偉大卻殘酷、機智卻愚昧。而且，這個比喻的重點不在於鴕鳥有意識地開罪牠的兒女而為此受責難；相反的，上帝承認是祂「使牠沒有智慧，也未將悟性賜給牠」。（伯三十九17）

因此，上帝沒有斥責或羞辱約伯；相反的，上帝觀察鴕鳥，因為牠是如此的弔詭，把牠看作為一種有趣而令人感到好奇的雀鳥。當牠伸展翅膀，嗤笑馬和騎馬的人的時候，我們不也在這種行為中看到約伯的虛張聲勢，以及他在向全能上帝高喊侮蔑之言時，那種毫不理會自身安全的情景嗎？恰如上帝接納鴕鳥作為創造界中貴重的一員，祂也同樣接納約伯，視他為偉大和愚笨的混合體。假如上帝懷恨在心，他將會陷在萬劫不復的景況中。然而，鴕鳥的創造者和護蔭者怎能對諸如約伯這樣的人心懷怨恨呢？尤其在他昂首佇立，呼喊著自己那些令人同情的侮辱的時候？只有那些極度頭腦簡單和被終點佔據整個視域的騎士才會發覺不到路旁的鴕鳥，也只有極度遲鈍和呆頭呆腦的騎士不會向牠報以一笑。

因此，上帝以自己的方式肯定其正直，祂也間接地肯定了約伯表現其正直的方式。上帝沒有堅持約伯成為品德典範，或命令他作為人類的楷模，但祂卻肯定了約伯的基本正直，正如祂肯定了鴕鳥的表現方式一樣。約伯已按著他被造的本性行事為人，並且已如人類所當作的，其表現獲得了認同。

不錯，我們的問題是到底上帝向約伯所作的回應是否一個易構。在回顧了整段回應後，我們能夠給予最佳答案，根據上帝回應的上半部分，我們作出了初步的判斷，指出這個部分毫無疑問是一個易構。要注意的是，上帝並不是只採用了一個，而是數個在第二章中所曾描述的易構技巧。

減少反省法的技巧承認自我考核會帶來健康的自我評估，然而，過度的自我審視卻是有害的。為了抵制過度反省，輔導者不能夠單純地建議受輔導者不去就某個特定課題想那麼多，因為這樣的建議只會令他更難抽身。減少反省法的策略是要讓受輔導者想及其他事情，因而把他們從其病徵中抽離，引導至另一些更為正面的事情。這種轉向基本上包括引導當事人去想及一些期待的、正面的，以及健康的活動，它們儘能令其生命多姿多采。

上帝在回應約伯時用上了這種減少反省法的技巧。上帝從頭到尾都沒有提及約伯的苦難，約伯輔導者們所非常關切的問題——約伯需要為其苦難負責——也同樣遭受冷落。至於關乎約伯受苦意義(可能包含上帝管教的價值)的全部問題都一概被篩掉。相反地，上帝把整個問題的焦點從約伯及其困難轉移到世界及其眾多有趣——和弔詭——的現象上。有一點值得注意的，是上帝並沒有把焦點放置在社會世界上來轉移約伯觀乎自身的注意力，正如約伯曾經向上帝投訴，「祂把謀士剝衣擄去，又使審判官變成愚人。」(伯十二17) 上帝反倒把焦點放置在自然世界上，評論**其**叫人吃驚和困惑的特徵。

約伯當然清楚知道雀鳥和走獸的行為舉止能夠為人類世界提供亮光，他會明白到上帝引用自然世界的例證不會與他和三位輔導者所曾激烈談論的人類處境毫不相干。上帝仍然要把焦點從人類光景轉向自然世界，就是要使約伯的心思從其負面的沉思中跳躍出來，迫令他想及一些沒有那麼叫人沮喪的事情，結果上帝透過開啟一道嶄新經驗的大門，逮住了促使約伯非人化的過程。明白到約伯的自我反省只會讓他步向失望、絕望，和產生生命了無意義的感覺，上帝引導約伯開始想及自身以外、關乎經驗價值的世界。藉著減少反省法的技巧，上帝展開了修復約伯感到生命確有意義的過程。有些時候，自我反省可以變成自我毀滅；然而，一次經過精心部署的視線轉移，正如上帝所作的，能夠促使態度作出戲劇性轉變。上帝關乎世界的言論，迫使約伯想及自己周遭的事情，這無疑具有治療作用。

減少反省法是上帝首個採用的技巧，還有其他在後頭。**混淆法**技巧在開首部分便以一些刻意使人**混淆**的陳述句子來作為特別重要的治療性介入。受輔導者被這樣的句子弄得勇氣盡失，因而會歡迎輔導者接續而來的說話，並且對此積極回應，視它為一種釋放。在傾聽輔導者那些笨拙和帶有偏見的言論後，受輔導者的思想或會受到啟發，從而設計出一些他們自身對問題的解決方法。

從上文下理來看，上帝在開始回應約伯時所說出的修辭性話語的確令人相當混亂。約伯預計上帝打從一開始便會以一系列指控攻擊他，然而，上帝卻問他在祂奠定世界地基之時他在哪兒。上帝的問題屬於修辭一類，因而沒有相對應的答案，但是它們卻令人感到混亂，只因這全出乎約伯的意料之外。藉著採用這種技巧，上帝完全解除了約伯的武裝。他本想與上帝來番爭辯，但是放在面前的卻是一籃子他無法解答的問題，其中更有不少看似毫無道理和全不相干。

假如那些使人混亂的陳述句是為著接續下來的介入而鋪路的話，那麼在這個個案中，那介入到底是甚麼？除非給約伯鋪平道路，否則他絕不會洗耳恭聽。上帝希望約伯所能夠聽到的，是祂並不認為約伯有罪，與此剛好相反，祂肯定了他的正直。假如上帝單刀直入地把這種觀點說出來，約伯會否聽得入耳？我深感懷疑。他被憤怒沖昏頭腦，只會誤解這樣的肯定，並且質疑上帝說出此話的動機。一個憤怒的約伯不會聽得進上帝的肯定，反而一個糊里糊塗的約伯可以聽得進去，因為洗耳恭聽能減少他的混亂感。上帝就在這個時候說出鴕鳥的比喻，約伯極渴望得到某種澄清，某種能夠把上帝的說話與其自身經歷相接軌的有意義關聯。在這樣處境下的比喻既清晰又明顯：「你並沒有甚麼過錯，約伯，好好活下去吧。」

上帝用來回應約伯的第三個技巧是**擺低姿態法**。那個希望影響他人的人在這裏處身於一個不能發號施令的位置，無法令他人順服。擺低姿態法的技巧採取**俯首稱臣**的策略，坦白承認自己無法操控他人的行為。透過這種默許，他者便會很快察覺到任何斷言和反抗都會變得毫無意義，因而表現得合作一點。上帝用上了擺低姿態法，承認世界是如此的複雜，實在難以明瞭為何無辜受害者會遭到剪除。上帝並沒有聲稱祂在掌控一個完美的系統，以此祂甘心放下姿態。這舉動把擔子放在約伯的肩頭上，看**他**能否把事情處理得好一點。約伯當然清楚知道自己無法勝任，因此他放棄了斷言和反抗的態度，取而代之的是對上帝油然而生的尊敬，並且尊重上帝就著當前的困難嘗試以一種聰明而公正的方法來掌管世界。如果上帝沒有先擺出低姿態，約伯將會繼續對上帝作出爭論和反抗。

因此，在上帝給約伯作出回應的第一個部分中，最少用上了三個易構技巧。上帝沒有恫嚇約伯，但卻用上了一些精巧的方法。這些方法雖然有點偏門，但是它們都不旨在操控和支配；相反，它們是要把約伯從自我毀滅的憤怒和絕望中釋放出來，再次管理自己的生命。毫無疑問，約伯對這次介入的回應是叫人失望的，因為他只能夠確定自己的「渺小」。他開始在情感上和態度上作出回應，但是他的言詞並沒有反映這一點。因此，上帝繼續祂的治療進程，再一次在旋風中向約伯說話。

第二次回應：肯定約伯的上帝形像

在第二次回應中，上帝再次挑戰約伯「要如勇士束腰；我問你，你可以指示我！」(伯四十7) 這次回應有兩個主要部分：上帝征服了巨獸 (紅色河馬) 和海怪 (鱷魚) 兩者都是極其兇猛和嚇人的，其中以海怪尤甚：「牠打噴嚏就發出光來；牠眼睛好像早晨的光線。從牠口中發出燒著的火把，與飛迸的火星……牠的氣點著煤炭，有火焰從牠口中發出。」(伯四十一18～19、21) 然而，上帝有能力控制這些野獸，祂用利劍刺入巨獸，「用鈎子穿透牠的鼻子」(伯四十19、24〔現代中文譯本〕)。至於海怪方面，雖然牠兇殘成性，但是在上帝面前卻顯得畏縮膽小。(伯四十一10)

這個環節的回應繼續著上半部引發出來有關上帝正直的主題，透過引述巨獸和海怪的例子，上帝詢問約伯怎能以那些用來管理他所處身的社會的有限的道德律(一般認為管治者所當具備的)，來管理整個宇宙。正如某個解經家這樣說：「假如約伯與以利戶和那些朋友一樣，相信上帝應當依據某種道德報應的嚴格規律來管治世界，就是透過直接介入使惡人受到即時制裁，以及邪惡終必被完全消滅，那麼約伯最好能夠把這種做法鋪陳出來。」[6]很明顯，我們需要一個較為彈性的進路。上帝沒有毀滅混亂的勢力，卻在監控著它們，假如宇宙按著理性秩序運行，這些勢力便無從出現。然而，宇宙是一個弔詭，因此我們在這裏看到一幅景象，一位全能上帝與這些巨大勢力展開殊死一戰。這位上帝能夠制服它們，證明了祂的正直。對於約伯來說，他肯定從沒有一刻認為自己可以防備這些敵對勢力，更甭提要制服它們了。

然而，維護上帝的正直不過是對約伯作出回應的第二部分的其中一個重要主題罷了，另一個是要對約伯作出肯定。當否定了約伯認為上帝疏忽職守和充滿惡意的觀點的同時，那個回應卻從整體上肯定了約伯給上帝所賦予的形像。約伯曾視上帝為靈眼，時刻企圖從他身上尋找過錯；又把祂看成為獵人，意欲殺害他。這些上帝形像既不討好，甚至帶有褻瀆成分，但上帝卻對它們表示肯定，縱然是以一種較為正面的途徑來回應約伯。

作為靈眼的上帝形像成為觀察世界的全能者形像，祂看守著它——這是在上半部回應中最為突出的主題，描繪上帝對世界的審視。上帝以一條具針對性的問題來對這個形像作出了一個特別的隱喻：「母鹿下犢之期，你能察定嗎？」(伯三十九1) 上帝作為獵人的形像在下半部尤為突出，這裏描述上帝怎樣制服巨獸，用環套住牠的嘴，用鈎穿透牠的鼻。接著看到上帝如何制服海怪，總攬了上帝作為獵人和靈眼的形像。

與此相反，上帝聲稱約伯不是一個稱職和眼觀八方的監察員，也不是一個有能力的獵人。作為一個監察員，約伯不知道地面的界限，不知道電光分散何處，不知道雌鹿生產的時辰，也不知道天空白雲的數量。作為一個獵人，約伯在海怪面前一籌莫展：「你能用魚鈎釣上鱷魚嗎？能用繩子壓下牠的舌頭嗎？你能用繩索穿牠的鼻子嗎？能用鈎穿牠的顋骨嗎？」(伯四十一1～2) 當然不可以。再者，假如上帝**並非**如約伯所斷言的那樣為靈眼和獵人，那麼約伯會在哪兒？任何血氣之軀又會在哪兒？上帝說：是的，我就是鑑察世人的眼睛，你會慶幸我是如此。沒錯，我就是獵人，不然你會身處何方？對於約伯所給予上帝的形像，祂不單沒有反對，反而擁抱著它們，並且賦予了正面的意義。

是否由於約伯看出了上帝作為靈眼和獵人的形像，說「中」了關於上帝的事情，因而他備受讚賞；相反那些輔導朋友們卻因說錯了上帝而受到指摘呢？(伯四十二7) 約伯或許就著這些形像帶有點點扭曲或片面的見解，但是這些形像卻是上帝所認同的，因為它們對上帝設計和管治這個世界相當重要。在一個鴕鳥母親認不出自己兒女、幼獅和雛鴉哀求食物、混亂怪獸威脅著蹂躪大地海洋的世界裏，上帝會繼續成為靈眼和獵人，在世界上各種衝突和利益之間權衡輕重。假如這表示約伯會同樣經歷上帝窺視其內在生命，並且暴露和攻擊他那些易受傷害的污點的話，這便是他為著對上帝有這份認識所當付的代價。另一方面，上帝也在看顧著他、保護他免遭危難。這兩個形像捕捉了上帝那種極度與眾不同的個性。

約伯簡單地回答了上帝第二次的回應，他承認上帝「萬事都能做；祢〔祂〕的旨意不能攔阻」(伯四十二2) 。他也承認「我〔他〕所說的是我〔他〕不明白的；這些事太奇妙，是我〔他〕不知道的」。(伯四十二3) 然而，這刻他的眼睛開啟了，因而高喊著說：「我從前風聞有祢，現在親眼看見祢。因此我厭惡自己，在塵土和爐灰中懊悔。」(伯四十二5～6)

這段簡單的說話一直備受爭議。有些解經家堅持認為是約伯為著自己那種傲慢的態度而懺悔，因而在自卑和羞愧中貶抑自己。另一些人則認為這段說話關乎復和，與投降無關，就是約伯獲得了上帝管治世界的一種嶄新體會，因而以一種恰如其分的謙卑態度重新肯定自己的信仰。但是仍有另一些人確信約伯的悔改只是「賣口乖」，企圖以一種毫無誠意卻能保護自己的認罪行徑去止息一位遭受冒犯和自我防衛的神祇。還有一些人則認為這段說話是反抗的最後一著，以約伯「現在親眼看見祢」來作為看低上帝的表現，因為約伯所看到的上帝，就是那位之前曾經提及到的：不義、冷血和殘忍的上帝。

然而，學術界逐漸取得了共識，認為這段說話不是一種自我貶抑的舉動，也與認罪懺悔無關。「我懊悔〔譯按：原文應譯作撤回〕」暗示著約伯撤回針對上帝的訴訟，因而表示他放棄了他的指控。這與一直以來就著這句片語所作的翻譯相當不同：「我厭惡自己」表示著一種認罪和懺悔的舉動。同樣地，「塵土和爐灰**的**懊悔（repent *of* dust and ashes）」這些字眼（相對於傳統的「在塵土和爐灰**中**懊悔〔repent *in* dust and ashes〕」），並沒有暗示他為著自己傲慢的態度而自責，也沒有為此而懺悔，而是決定放棄他作為「孤獨的受苦者」的立場和角色罷了。[7]因此，「塵土和爐灰」所指的是約伯脫離了他的社羣，坐在爐灰當中，此刻為著自己一直求死，以及選擇重返人類社會的舊地而表示「悔改」。塵土和爐灰的懊悔也可以解釋為撇棄了血肉之軀傾向視自己為惟一的受造物（「塵土和爐灰」），而不是上帝的共同創造者這種觀點。[8]再者，塵土和爐灰的懊悔也可以被視為一個義人重新確認其身分的意思，決心把由於受害經驗所造成的羞恥感和自我懷疑擱在一旁。

這些就著「塵土和爐灰的懊悔」這句說話的解釋，儘管在重點和意義上有所不同，但卻同意約伯最終說話的語調並沒有自我貶抑，或虛假的認罪和反抗的意思。約伯沒有接受由輔導朋友們所加諸他身上的罪名，也沒有承認他與上帝對話時有甚麼傲慢和放肆的態度。他坦承自己並沒有時刻明白自己所說的一切，有太多事情是他不能知曉的，然而在大體上，即使他的回應語調不算得上是得意洋洋，也可算是正面的：約伯收回對上帝的指控、願意回到人類社會去、接納他是上帝的共同創造者，並且重申（不論是主觀地還是客觀地）自己是個義人。他曾經歷意義真空這段可怕的插曲，被一種全新的生命意義和目的所取代。他正逐步康復中，不會受到任何阻擾。

上帝第二輪對約伯的說話延續第一部分所展開的易構進程。減少反省法的技巧繼續被派上場，上帝以此挑戰約伯把焦點放置在外在的世界，不去注視自己和內在的矛盾。然而，在首部分的說話中，上帝鼓勵約伯想及其經驗價值，而第二部分則引導他去考慮其創造價值，他開始體會到上帝邀請他成為祂的共同創造者，一位與上帝共同治理世界的合夥人。當約伯開始視自己為上帝的共同創造者後，他除掉了負面的自我形像，撇棄那因受災害而導致的非人化影響，並且回歸到人類的社會中，決定盡己一分力來推演上帝為這個世界所定的旨意。

上帝繼續使用擺低姿態的策略，確認約伯所先前提出的上帝形像，但卻給它們重新詮釋以消除約伯的敵意。給這些形像扭上一把，上帝迫令約伯承認他實在非常需要上帝作為他的靈眼和獵人——這是先前他所尖刻地描畫的。

繼減少反省法和擺低姿態法之後，上帝用上了**配方法**技巧。這牽涉給予當事人一項任務，而這項任務對當事人當前的實際問題或有或沒有直接的關係。在這個案例中，上帝吩咐約伯為著他那三位輔導朋友代求。當這個配方表面上看似為著治療那三位朋友的時候，其主要的果效則在於鞏固約伯為自己所帶來的治療性得著。這個配方基於一個假設，就是約伯此刻確認其為上帝共同創造者的身分，不再承認自己的非人化景況，並且準備在人類的社會中扮演一個建設性的角色。這個配方幫助了約伯的朋友，但更能幫助約伯自己，藉著對上帝作出直接和立時的回應，反映了他在態度上的轉變。

上帝採用這些易構技巧，清楚顯明了上帝對約伯所採取的輔導進路是以易構法為本的。上帝採用易構法同時表明了祂是直接針對先前用以處理約伯問題的失敗例子，重新設計一套診治計劃。上帝了解這些先前的嘗試，知道它們只會把事情愈弄愈糟。正如所有優秀的易構計劃一樣，上帝的計劃因著了解其他曾經用來幫助約伯的嘗試而取得優勢，因而採取一種斷然不同的進路。現在讓我們分析這些先前的進路，看看上帝如何易構它們。我們首先審核輔導者的嘗試辦法，繼而評估約伯自己為著解決問題的努力。

輔導者的嘗試辦法

為著評估不同的牧養輔導方法，我們直至目前為止都是把輔導者當作不同個體來看待。現在我們著手關注上帝的易構法，應當把那三位輔導者看為一個羣體，並且評估他們的集體努力。為甚麼他們全都失敗？《轉變》一書的著者們或會把他們的失敗歸咎於他們錯誤地處理約伯的困難。然而他們錯在哪裏？他們的進路出了甚麼亂子？

他們的失敗明顯不屬於**簡化**，就是沒有在某些清楚地要求作出行動的困難中作出相應行動。他們藉著與約伯交談，**切切地**作出了行動，他們嚴肅地實踐他們的輔導工作，證明了他們知道約伯困難的嚴重性。他們看得出是與約伯的靈性打交道，試圖以一切他們可行的辦法幫助他。

他們也沒有試圖以一些即時補救法 (quick-fix solution) 去簡化事情。他們沒有提供任何神蹟藥方，也沒有開出任何人為配方去幫助他忘卻自己的煩惱。他們沒有不顧一切但憤世疾俗地訴諸巫術或魔術，為要修復他的兒女、財產和健康。約伯稱他們為庸醫，但就他們的聲譽而言，他們未曾對這樣艱難和痛苦透頂的處境要弄過甚麼花招。

他們同樣沒有犯下烏托邦主義，或是在根本無法改變的處境中作了不必要行動的錯誤。他們聚焦在他們**能夠**幫助約伯的層面上——約伯的態度。這些舉動表明他們並非烏托邦主義者。他們盼望著透過態度上的改變，約伯同樣會經歷客觀處境的轉變。這種盼望並非無理，因為他們打從心底裏相信，上帝會就他們所設想的態度轉變作出善意的回應，並且以此來修復約伯早前的健康和生計。即使他們不相信上帝有醫治的能力，這種盼望在純粹心理的立場上仍是可取的，因為正面的態度總能給一個人的客觀環境帶來有意義的改善。

毫無疑問，正如不少受輔導者一樣，約伯指控他的輔導朋友們為烏托邦主義者。他認為他們犯上了**外投式**烏托邦主義的毛病，因為他們深信某些他認為不可能達成的目標——諸如改變他的命運——為實際可行。他也同樣指摘他們那隱藏著以為提出了原創性建議的錯覺（伯十二2～3），以及他們的自義（伯十二3），這一切都是烏托邦主義者的常見特徵。約伯的攻擊到頭來引動著他們的偏執情緒，這對外投式烏托邦主義者來說亦非罕見。當輔導進程毫不奏效時，他們那個人不足的癥狀表露無遺，這與**內攝式**烏托邦主義者一樣，他們無法達到某些被證實為不可能達到的目標。

然而，烏托邦主義並非他們失敗的原因。他們根本的過失在於處理困難的第三種錯誤：在需要二階轉變的地方嘗試達成一階轉變。當他們多番提議約伯尋找上帝的時候，他們沒有察覺到這些提案是內在**弔詭**的。他們提議約伯去尋求援助的那一位，正正就是約伯認為需要為他的困難負責的那一位。對於約伯來說，這是一個真實的弔詭。然而，即使他已經向他們陳明了他們所構想的是極其弔詭之後，他們仍然堅持要他尋找上帝，這讓他陷在進退維谷的兩難之中：我怎能向一位造成我災難的人尋求幫助？當他拒絕轉向上帝尋求幫助被解釋為其苦難的個人罪責時，這種兩難的景況愈發糟糕。他愈抵抗他們的提議，他們便愈相信他是罪有應得。

若然他們能夠體察到他們議案的弔詭性的話，他們或能接納他的抗拒。他們或會觀察到他們要求他所作的帶有弔詭和兩難本質的行動是他反抗的原因，而不是那些針對他早前行為，或是此刻錯誤和欺騙意圖的指控所引致。他們的基本錯誤在於把一階轉變誤用在需要二階轉變的地方。正如我們所曾經提及過的，像這樣無法辯認弔詭的情況，就是對一階轉變判決失敗的時候。

約伯嘗試過的辦法

給輔導者試圖幫助他的努力弄得一塌糊塗之後，約伯著手建構自己的計劃。與他們所提出的不同，他的計劃知道輔導者提案的弔詭本質，並且按著這種認知行事。他要控訴上帝的意念——與上帝在法庭上對質——依據著弔詭的自覺意識，他會在那位曾經傷害他的人身上獲得公平對待。他當然深深地懷疑這個方法是否可行，更大有道理地認為上帝在這次會面中只會愈發惡待他。而且，與輔導者們所提議的剛好相反，他自己絕不會以一種卑躬屈膝和負荊請罪的態度來到上帝面前，祈求上帝平息怒氣，這是他那強烈的正義感所無法容許的。從常理來看，他的計劃看似更糟，註定失敗。

假如約伯的計劃是基於向那位他覺得曾經開罪他的人尋求幫助這種弔詭的意識上，為何它不成功？問題是這給偶然性留下太多空間。他的目的——藉著答辯來修復其正義感——非常清晰，然而當他為審訊過程設置條件時，他卻無法保證敵人會照著他的意思如實出現。假如敵人並不遵照那些條件的話，約伯知道他的計劃不會成功。沒有任何治療計劃、易構或是其他方法會擔保成功的，每一個計劃都會遇上無法預期的影響和結局。但是約伯設計了一個他幾乎無法掌握的計劃。它的成功與否全在於上帝是否願意參與這個計劃，並且扮演約伯所為祂設計的角色。然而，約伯卻無從保證他能促使上帝參與他的計劃，甭提上帝會按著他的鋪排去參與了。

回想謝利和素兒，就是那對有著一對凡事愛出頭的雙親的年輕夫婦，他們的易構計劃建基於雙親必會來訪，並且合理地認為他們希望做對「好父母」的預計上。在腦海中常想著這些行為和態度上的常模來設計這個計劃。看著當前的災難，約伯知道他**不**能夠指望上帝會願意向他顯現，並且渴望行使「公義」。這是最大的未知數，然而約伯計劃的成功與否全在於此。當然了，約伯清清楚楚地知道這些不確定的元素，對自己的計劃半信半疑。他的疑慮反映在他渴望某位他所不認識的仲裁者出現，確保他的計劃能夠有機會實踐出來。但是相對於期望上帝自己的出現，期待一位仲裁者顯現的想望更顯得蒼白無理。無怪乎他的輔導朋友們嘲弄他的計劃為春秋大夢。他們是對的，這種以申訴為場景的計劃根本無法實現。這或許能夠帶出某種情緒上的宣洩，但就約伯的困難而言，卻完全不見其功。

上帝易構處境

我們可以藉著剛才出現過的嘗試辦法的亮光中來審視上帝的易構。相對於那些較早時出現過的嘗試，上帝所作的一切都是弔詭的。上帝沒有提及約伯的苦難或罪狀，更沒有數點他的惡行，祂也沒有就約伯的答辯作出回應。**為甚麼**上帝全然回避這些問題呢？祂不單沒有處理約伯遭遇困難的緣由，也沒有揭示、調查，或分析它們背後的原因。**為甚麼**這些發生在約伯身上的事情，上帝在著手介入的之前或之後都始終毫不知情？**甚麼**畢竟較**為甚麼**更為根本。正如奧圖 (Rudolf Otto) 所指出的：「約伯記……對〔上帝〕威嚴所引發的**敬畏**，不及其對**奧祕**來得著意，它以不理性的(irrational)角度去關注非理性的(nonrational)事情，它關懷一些叫人完全摸不著頭腦的弔詭，以此挑戰一些可能被合理地期待的『理據』，直接對抗那點微不足道的理性。」[9]

實際上，上帝否決進入任何有關約伯受苦及其背後原因的討論中，卻反倒帶領約伯進行了一次想像世界之旅。[10]在上帝著手描述這個世界的過程中，祂提及了一系列奇妙而令人生畏的事情，藉此約伯重獲那早已失去的生命意義，這是那些出於善意的輔導技巧所無法修復的。

為甚麼這條進路能對約伯奏效呢？根據亙茲拉威克、韋克蘭和費殊的轉變理論，它之所以奏效是由於它沒有跟隨之前所曾經試用過的解決辦法(更多相同)，而是採取了一條相反的路線，突破了這些解決辦法的常理。常理告訴我們，當你所關心的那個人正在受苦時，你不可以忽視他受苦的事實，還要試圖作點甚麼去幫助他。常理也提議你為他受苦的原因抽絲剝繭，並且利用這些發現去提供援助。然而，上帝卻與這些常理進路打對臺，祂根本沒有理會約伯的困境，也沒有提及約伯有否犯罪——這似乎是他為何受苦的合理解釋——等事情。相反地，上帝幾乎談及世界上的任何事物(包括天氣！)。約伯的困難——他那無法解釋的苦難——全遭忽視，我們只能總結這是上帝刻意的舉動。

然而，上帝拒絕與約伯談及他的苦難這一點，卻易構了輔導者們和約伯自己所看到的處境。較早前那些解決問題的嘗試清楚證明了討論約伯的苦難及其背後的原因並不能帶來甚麼好處。約伯已經準備接受另一條進路，上帝在此義不容辭。假如自我省察不能奏效，分散其注意力或許可以。因此，上帝想出了帶領約伯來趟想像世界之旅的主意。在他們進行這次虛構的旅程中，上帝指出了管治世界的困難和挑戰。由於約伯和上帝同是管治者，上帝因而把焦點放置在一個對他們兩者同樣有意義的課題上，關乎他們的使命身分。藉著與約伯談論這些事情，上帝肯定了他們作為共同創造者的關係，以此提醒約伯對這個世界的召命。因此，上帝藉著忽視那些造成他們分裂的嫌隙，並且聚焦在那些共同分享的事情——關心世界的命運——來易構處境。這樣，上帝再次引導約伯不再想及自己和自己的需要，而去顧念世界及其中的需要。約伯戒除了只顧自己的惡習，反而挑戰自己更新其在世界中的衍生角色，因而重獲生命的意義和目的。[11] 套用弗蘭克的詞彙，約伯與上帝成為共同創造者的新身分，為其創造價值提供了新基礎，這逐步引向經驗價值的新可能。從個人態度上來說，約伯最終成為了一個全新的人。對其自我理解極為重要的正義感，再不需要單純地依存其個人成就，而是靠著與上帝共同參與在世界的創意維護中。

這條進路其中一個成功的原因，是上帝避免了那些把約伯置身兩難處境的課題。如果上帝注目在約伯受苦的事情上，提議他以另一種方法向上帝陳明案情，這只會增加約伯的無能感，讓他陷在呼喚敵人提供援助的絕望弔詭中。但是上帝沒有預算約伯會作出懇求。在上帝的觀點看來，約伯沒有義務向一位他懷疑是造成其困境的人尋求援助。上帝不會預計約伯會以虛偽和憤世的態度行事，也不會要求約伯為其沒有犯過的罪行表示悔過，或是為其不再相信的信仰作出認信。

另一方面，上帝真的希望約伯重尋他的生命意義和目的，藉著帶領他踏上想像旅程來幫助他重獲這一切。在行程中他們緊密相連，約伯成為上帝管治世界的一個重要夥伴。上帝沒有說過假如祂缺少了如約伯這等受造物的幫助，世界便會墮進地獄去。然而，祂卻邀請約伯入伍，協助世界成為祂所想的那樣子。因此，上帝的回應是邀請性的，而約伯則把控告上帝的訴訟擱置一旁，以「塵土和爐灰」談及自己，回轉到為著世界的利益而努力工作的光景。藉著建構和制定這個另類計劃，上帝不去跟隨任何已知的前科或現存的公式。上帝為著這次事件，並且是單單這次事件，才建立這個計劃。上帝藉此展示了祂的創意天賦，提供了一切證據讓約伯宣認上帝就是所有創意表現的終極根源。

結語

在第六章中，我們看到約伯的輔導者們所採用的輔導方法在神學上如何不足，這是否暗示在易構法中藏著某種神學上的強處，以至對約伯產生效用呢？我深信不疑。易構法當然不是打著神學旗號，但是一種特定的上帝觀卻與此息息相關，那便是上帝是個弔詭這種觀點。約伯記的著者認為上帝不是一位全然理性的上帝，但也不是完全不理性的。上帝是那位充滿**弔詭意圖**的上帝。在與上帝相遇之前，約伯認為上帝是善變的：一時老友鬼鬼，一時反目成仇。然而，説上帝善變，就是忽視了那更深一層的真理：上帝是個弔詭。正如奧圖所指出的，這種弔詭是奧祕的核心，是上帝奇妙的「超越性」。[12]

在《回答約伯》一書中，當容格 (Carl Jung) 提及上帝本質裏的「二律背反」(antinomies)，並且主張約伯記所展現的上帝具有雙重特性 (一方面為盲目揮拳的力量，另一方面為啟導人心的智慧) 時，暗示了上帝弔詭的本質。[13]容格認為盲目揮拳的上帝主導著約伯的故事，上帝把約伯嚇至卑躬屈膝。我們就著那段「塵土和爐灰」經文的分析，以及強調約伯作為上帝共同創造者的關係，都說明了容格是錯的。上帝一直以啟導人心的智慧為主調。然而，容格認為上帝內裏存在二律背反的基本看法卻清楚地說中了核心，支持了上帝為一位充滿弔詭意圖的上帝這種觀點。

易構是建基於對弔詭作出帶有自我意識的運用。上帝的介入成功，而輔導者們失敗了，皆因上帝全然知道祂對約伯所採用的進路是弔詭性的。這種意圖的認識意味著上帝的治療性介入不是一種操控或脅迫的作為，而是關乎智慧——自知的智慧(「我的本性是弔詭」)。結果約伯重獲他的生命意義和目的：在撒揚塵土和爐灰的舉止中反映其建設性態度；在成為上帝共同創造者的全新位分中渴望做些有價值的事情；當他接續生活一百四十年，因「年紀老邁，日子滿足而死」(伯四十二17)的時候，他獲得了心滿意足的經驗。因為約伯記描述上帝直接介入約伯的案情，避開了任何中介人物，所以它提供了一幅異常清晰的圖畫：神學是構成易構法的基礎。

這種神學大膽地肯定了上帝以其弔詭意圖來對待世界。最終能夠看到靈眼上帝和獵人上帝的雙重面貌的約伯，現在欣然接受(實際上是被迫承認)上帝的弔詭本質。意識到作為有限者的自己與作為永恆者的上帝之間雖然存在著一道巨大的鴻溝，但是他仍能察覺到他們共享著相同的弔詭性。很明顯，他那三位輔導朋友從未如約伯一般察看上帝，或許由於他們從未如約伯一樣看待自己(一種深刻的弔詭——以理性標準而言為一個正直的人，卻在他的幽暗處，就是不理性的時刻，經驗著一種深邃的個人羞恥和自我厭惡感)。他的朋友們受責於只為一階轉變而努力(或許在**他們**在世的日子中也是如此)。認識到上帝和自己同是弔詭，是為著二階轉變作出易構的牧養輔導的神學核心。

註釋

1. Norman C. Habel, *The Book of Job: A Commentary* (Philadelphia: Westminster Press, 1985), p.517.
2. Habel, *The Book of Job: A Commentary*, p.529.
3. Habel, *The Book of Job: A Commentary*, p.532.
4. Habel, *The Book of Job: A Commentary*, p.547.
5. 伯肯（David Bakan）在思想鴕鳥的比喻中清楚地指出了這一點，見David Bakan, *Disease, Pain, and Sacrifice* (Chicago: The University of Chicago Press, 1968), pp.107～108。
6. Habel, *The Book of Job: A Commentary*, p.564.
7. Habel, *The Book of Job: A Commentary*, p.583.
8. 約伯為上帝的「共同創造者」這個主題，由贊臣（J. Gerald Janzen）所強調，見J. Gerald Janzen, *Job* (Atlanta: John Knox Press, 1985), pp.257～259。
9. Rudolf Otto, *The Idea of the Holy*. Trans. John H. Harvey (London: OUP, 1958), p.100.
10. 上帝帶領約伯所進行的想像世界之旅，可以被視為「魔法（enchantment）」治療性用途的一個例子。參Stephen R. Lankton and Carol H. Lankton, *Enchantment and Intervention in Family Therapy* (New York: Brunner/Mazel, 1986)。
11. Erik H. Erikson, *Childhood and Society*, 2nd rev. ed. (New York: W. W. Norton, 1963), pp.266～268.
12. Otto, *The Idea of the Holy*, p.173.
13. C. G. Jung, *Answer to Job*. Trans. R. F. C. Hull (Princeton: Princeton University Press, 1973).

第八章

大智若愚者的易構

坎貝爾把牧養關懷者分辨出三種不同的形像：牧羊人、負傷的治療者，和大智若愚者。[1]牧羊人的形像令人聯想到希爾特勒(Seward Hiltner)的看法，他在《基督教牧羊人》和《牧養神學序言》兩部著作中強調過牧羊人角色的的觀點。[2]負傷的治療者這個形像則由盧雲神父(Henri J. M. Nouwen)在其同名著作中提出。[3]至於大智若愚者的形像則是源自法巴爾(Heije Faber)對醫院牧者和馬戲班小丑所作出的比較。[4]坎貝爾在討論大智若愚式的事工時延伸了法巴爾那甚具洞見的隱喻。

當讀到這個討論時，定會看到重塑藝術與大智若愚式的進路，對於牧養關懷來說，其性質是極為相似的。就如牧羊人的引領，以及負傷治療者的強調，大智若愚者則進行易構。易構是賦予大智若愚職事生命力的血液。

在論及坎貝爾那三種類型的較早期著述中，我曾說過大智若愚的形像強化了牧養關顧的修正模式。[5]這種模式採取新的方法，以嶄新的、非慣常的角度去處理問題。我們無法解決問題是由於我們那些錯誤、狹窄，或扭曲了的視角。以一種全然不同的方式去看待問題，我們將會發現，透過這樣的觀點，或會把問題疏解，甚或發現這根本不算是個問題。

我想進一步提出，一種可能獲得如此觀點的方法是想像上帝怎樣看待該問題，以上帝的視角來加以考慮。這種觀點通常會令人感到羞愧和悔疚，因為它突顯了我們的罪過和愚昧，但卻能幫助我們克勝欺騙與錯覺，對於修正主義者來說，基督徒生活的基本目標是要撇除蒙騙，順從真理而行。我認為大智若愚者喜歡採用這種解決問題的方法，因為它挑戰我們傾向黑暗與欺騙的天性，敢於挑戰我們以上帝真理的角度去審視我們的光景。大智若愚者相信假如我們能夠恆常以這種觀點去審理人類的問題，我們便會發現它們並非如表面看來那麼複雜。真理就是那麼簡單，錯誤與虛假也不一定複雜異常。大智若愚者引用修正模式作例證，扭轉我們看待世界和自己那些慣常採用的方法。我們一直以為是愚拙的(不合常理的)現在竟成為智慧，那些我們以前當作是智慧的(合乎常理的)現在卻變成愚拙。這種逆轉向我們啟示了一個新世界，是我們以前看不見和感受不到的。

與牧羊人和負傷治療者的教牧形像一樣，大智若愚者的形像也是深具聖經基礎的。正如坎貝爾所指出的，保羅摒棄了屬世智慧作為基督徒的指引，並且提升了愚拙人的地位：「你們中間若有人在這世界自以為有智慧，倒不如變作愚拙，好成為有智慧的。」(林前三18)這些愚拙人易受世俗權勢所傷害，經常被嘲弄和剝削，當作代罪羔羊一般，看為「世界上的污穢，萬物中的渣滓」。(林前四13)然而，在歷世歷代的社會中，愚拙人都是「人類的傲慢、浮誇和獨裁的主要平衡砝碼」。愚拙人「不可理喻的行徑質疑秩序的界限」；愚拙人「瘋狂」直率的言論勘探「常識」的意義；愚拙人不按常規的外貌揭露了驕傲與虛榮；愚拙人對「既定敗局」(lost causes)的堅持剔除了審慎與自利。[6]我們愈是考察這些愚拙人，便愈發現愚拙的形像變得模糊不清：「愚拙通常是兩刃的，不論是聰明的或笨拙的都成為嘲笑的對象，有些時候它帶出了惡意和無禮的嘲笑，但也有些時候以幽默和滑稽的表達來引發愛心與關懷。由於愚拙站於規矩之外，我們不能期望會輕易操控它——許多時候它會在一種神聖或非神聖的瘋狂狀態中掌控著我們。」[7]

另一方面，坎貝爾希望「在愚拙者形像上添加某些規矩，好看出它對牧養關顧的意義。」他就大智若愚者的形像辨認出三個規範或層面：簡樸、忠誠和預言。我認為這三個層面與亙茲拉威克與他的同僚所辨別出來的問題錯誤處理打對臺，因為大智若愚者的形像贊同易構法。

簡單的愚拙：超越簡化

我們怎麼知道在甚麼時候愚拙是一種智慧而不是單純的沒頭沒腦？其中一個方法，就是當有些預期以外，或是被人忽略了的事情遭到揭露的時候，我們便會知道這一點。有些時候，那些預期以外或被人忽略的事情被揭示了出來，然而或許箇中複雜，有些人未能看得通透。但是我們通常聯想到大智若愚者的揭示，一般都是源於以一種較其他人簡單的視域來看待處境。這與**簡化**的謬誤不同，它在實際上出現問題的地方看不出問題所在，相反，這是一種辨析能力，把原以為是天塌的大事，到頭來看出不過是小事一樁。

舉例來說，假設有一羣同工在討論他們其中的一個同僚，他們提出了一大堆理由，試圖解釋為甚麼比爾的行徑會如此。一個同僚衝口說出他的意見，認為比爾「那浮誇做作的自我形像反映了他的自戀傾向」。另一個觀察到比爾「與權力出現問題，尤其在一些他被認為應當與那些在他上頭、掌有合法權位的人不同的處境中」。另一個人補充說比爾的個性存有「妄想症」特徵，這導致他處處防人，尤其當他面對權力凌駕他之上的人。在經過眾人所提出的觀察，等待大家認真確認的時候，另一個比爾的同僚，對這點卻不以為然，面上露出惱怒的神情，脫口而說：「比爾的麻煩在於他是個該死的大話精，我質疑在他一生之中有沒有說過真話。」

這句子打破了之前佔主流觀點的診斷框架，把比爾放置在一個全然不同的分析框架中。舊框架涉及的是「心理評估」，而新框架則關乎「道德評價」。新框架把我們的注意力引向一些給比爾作出的心理評估所忽略了的東西——那簡單卻重要的事實：比爾從沒說過一句真話，他所講的一切全不足信。相比於其他人對比爾所作出的診斷，這個觀點顯然簡單得多，但卻沒有把事情簡化了。把比爾說成一個「該死的大話精」，肯定不會淡化那羣人因著比爾所帶來的困擾；相反，它挑戰著他們以一種全然不同的角度去看待問題，從另一個層面去理解它。而且，當以心理觀點來審理問題時，或會把某些行為看得過於複雜；但是當以倫理觀點來處理時，它們都變得簡單而直接，這便是這個特殊挑戰的威力。對於該等複雜的情況，是否只是把撒謊行為添加一點理性成分？「比爾是個該死的大話精」這句說話，實際上是在挑戰心理評估所認為比爾是個非常複雜的傢伙這個假設。這句說話骨子裏的意思是：「我不相信比爾是個複雜透頂的傢伙，他不過是個口是心非的人。」

因此，「大智若愚者」的特色之一是有能力把事情看得簡單一點，過於其他人所認為的。當其他牧養模式傾向於把處境看得複雜、難解和根深柢固時(牧羊人把焦點放置在那些可能需要為當前問題負上責任的不同處境和系統原因上；負傷的治療者則試圖探測那既深且痛的困難的深淵），大智若愚者企圖把問題看得沒那麼難懂和複雜。真理是簡單不過的。錯誤和謬論才會毫不必要地大造文章。

然而，這不表示一旦剖開了問題的簡單本質，便可以輕描淡寫地把問題處理掉。很多時候，在簡單問題與容易答案之間存在著一種反比關係。假設要維持一段婚姻關係，全賴丈夫對妻子的忠誠。因此，只要你持守忠誠的態度，便能夠挽救這段婚姻。這實在太簡單了。但是對於這位丈夫而言，他已經有一籃子外遇，要依規矩做人並不容易。事實上，要忠於妻子，較設計一些用來瞞騙妻子有關他不忠的錯綜遊戲計劃和複雜故事困難得多。問題本身是相當簡單的，但其解決辦法卻非常困難，就如乃縵的故事一樣。先知指引乃縵去約旦河沐浴，便能治癒身上的痲瘋病。他的僕人肯定了人人都知道乃縵能作大事，給他易構了處境，幫助他完成這件簡單，但對乃縵來說卻是甚難的事情。

毫無疑問，某些牧羊人（以其對問題複雜性的認識）和負傷治療者（以其對問題深度的觸覺）較為傾向察覺關乎該等處境的事實，是大智若愚者所不會看到的。這並不表示大智若愚者永遠是對的，而牧羊人和負傷治療者等類型則永遠是錯。毋寧說，我們不過是認清了大智若愚者其中一個特徵，就是他們較別人能夠把事情看得簡單一點這種傾向。除非大智若愚者硬把事情簡化（就如牧羊人固執於把事情複雜化，或是負傷治療者總愛陷在謬誤奧祕中所帶來的危險），不然，大智若愚者總會說出一些精闢的見解。很不幸，我們都傾向討厭一些指出真理是簡單不過的提案，這冒犯了我們的才智，硬指我們的問題不過是小事一樁。因此，我們往往否定愚人的智慧，只因我們受到了冒犯。

從歷史和文學作品中引用一些例子，就如伊斯蘭教的蘇非(Sufis)，以及杜思妥也夫斯基(Dostoevski)的小說《白痴》中的梅士金公爵(Prince Myshkin)。坎貝爾談及大智若愚者自身的簡單性，因而能夠發現周遭人們的不誠實、自欺、虛偽和墮落。那些感官性能良好的成年人不能假裝擁有如梅士金公爵那種天生愚者的簡單美，有這份想法就是對自己一種怪模怪樣的否定。然而，簡單愚者的形像能夠幫助我們發現自己的部分本性——它們是在我們學習「成年人智慧」時早已丟失了的——給我們開啟一條與人交往更為自然而然的相處之道。[8]重尋自己內裏的孩提形像，我們發現自己被更新過來，有能力較其他人把事情看得簡單一點。然而，要理解人類問題中這種簡單性，卻時刻需要一種從事複雜分析理性過程的能力。因此，大智若愚者的形像並不是一個借口，讓我們可以實踐一種沒頭沒腦、不經思考的職事。大智若愚者提倡的是簡單，而不是愚笨或單純無知。

忠誠的愚拙：超越烏托邦主義

在談論大智若愚者的簡單性中，坎貝爾所關心的是這樣的問題：「我們怎樣知道哪個時候的愚拙是一種智慧，哪個時候是一種單純的無知？」當處理愚拙的忠誠時，他所關心的不是一個問題，而是一種謎題：愚者基於一種更高級的忠誠而漠視一己的意願。在莎士比亞的《李爾王》中，即使皇帝已經眾叛親離，那愚者還是站在皇帝一方，這展現了他那種「非英雄式的，但卻持久忠誠的單純品德」。[9]他意識到在毫無指望的景況中仍然留守在李爾王身邊實在愚不可及，但他卻不把自己看為一個受僱的下人：

他為了自己的利益，
向你屈節卑躬，
天色一變就告別，
獨留你在暴雨中。

（第二幕，第四場）

作為一個忠誠的愚者並不叫人羞恥；只有作為一個只顧自己、毫無誠信的僕人時才會令人齒冷。

這種愚不可及、不顧後果的忠誠是耶穌教導的一個顯著特色：「凡為我喪掉生命的，必得著生命。」（太十六25）這種忠誠不可思議的特性，坎貝爾認為，在愛那些迫害自己的人的瘋狂邏輯中找到了最終的表達：「你們的仇敵，要愛他！恨你們的，要待他好！咒詛你們的，要為他祝福！凌辱你們的，要為他禱告！」（路六27～28）即使在苦困中受盡凌辱，耶穌還是祈求上帝饒恕祂的迫害者及其部下，祂似乎是「傻瓜之最」。坎貝爾認為，沒有人會容許自己受到如此這般的侵害，除非他在理性以外相信愛會得到最終勝利。愚者忠誠的不可思議之處是他容讓自己被侵害，正如耶穌給祂的仇敵侵害一樣：「沒有甚麼像愚者的忠誠一樣更容易受到侵害。」[10]

是甚麼令愚者持守不二之心，堅拒「天色一變就告別」的行徑？或許正如坎貝爾所指出的，這是基於一種對愛會得著最終勝利的信靠。但是我懷疑愚者不會抱有這樣的理想，他們不會這樣理解自己的處境，就是在毫無指望的時候，仍然深信事情會全然逆轉，最終高奏凱歌。相反，愚者更像是會停留在絕望的處境中，正如亙茲拉威克的書名所指出的，因為「處境雖然絕望，卻不是至關要緊」。烏托邦主義者堅持活在絕望的處境中，因為他們深信他們的目標最終會達到；愚者卻不是這樣，他們的堅持只因他們不認為這樣的處境有多嚴重。換句話說，烏托邦主義者忙於**製造**意義，而愚者卻滿足於事情就是如此這般。正如亙茲拉威克和他的同僚所指出的：「對於烏托邦主義者來說，尋找生命意義是核心的，並且佔據生活的每個細節，尋找者會質詢日光之下的任何事情，**除了**他的問題本身之外，在人世間存在著某種意義，為求生存，他必須把它發掘出來，這是毋庸置疑的假設。」著者們質疑這樣尋索意義會否過度虛耗精力，把它視為不快人生的解決良方。他們把這種情況與《愛麗絲夢遊仙境》中的紅心皇的態度作出對比。紅心皇在閱讀了白鼠一首不知所云的詩篇後，愉快地作出結論說：「假如當中並不存在任何意義，那麼便能除掉普天下的煩惱事了，你知道嘛，我們再不用花氣力去尋找它們了。」[11]

因為愚者並不會花掉過多精力去尋索意義，只會滿足於讓意義隨意顯露出來，所以，他們大可自由地把時間和精力投放在那些不知道有沒有可茲證明的目的、邏輯或理由的處境上。愚者們仍可忠於他們的李爾王，不論處境如何令人瘋狂，他們也不會感到沮喪，因為這對他們來說並不構成多大意義。處境雖然絕望，卻不是至關要緊的。烏托邦主義者相信他們所預期的現實，會較他們當下所處身的現實更為真確。愚者同樣預想其他現實，但他們對大部分預想出來的現實，都不能確定它們是否更為真確。他們對於這些預期有一種健康的疑竇，或許由於他們考慮得太多，因此，他們情願把時間精力花在當下看得見的處境中，在其中尋找他們的快樂和意義。

一個年輕牧師接受了一個小城市牧區的牧職，她清楚知道該教會已經奄奄一息，實在沒有甚麼辦法可以拯救它。然而，當她上任後，她訂定了一連串長遠計劃，而這些計劃通常只有在確保教會未來前途時才會被制訂出來的。她提出了一些新事工，包括旨在令教會人數增長的青少年事工和福音事工。她從沒有認真想過可以怎樣拯救該教會，然而，她卻堅拒接受某些教會領袖的處事態度，當面對教會每況愈下的時候，他們會問：「為甚麼在倒數日子的時候還去開展一些新事工？」無論她給予他們甚麼答案，他們都會覺得毫無說服力和意義。她知道當教會最終真的關門大吉，這些領袖所持守的負面思想已經深深地傷害了他們的會眾。然而，她也知道在一些長期無望的處境中，的確沒有甚麼否極泰來的辦法。

這位牧者展示了愚者的忠誠，她的忠誠並不是出於認為不論是現在或將來總會得著勝利的信念，也並非由於她預計此刻或稍後，整個處境會帶來一些戲劇性的意義。處境是絕望的，事情就是這樣。然而，即使面對絕境，她也忠心不二。在這些努力嘗試的時刻中，她和她的會眾確實經歷了一些快樂時光和別具意義的體會。事實上，她此刻大可這樣說：雖然她不想重頭經歷這一切，但這卻是她一生中其中一段最快樂和真誠，儘管也是最傷心的日子。

愚者的忠誠將永遠是一件耐人尋味的事情。回頭來看，我們可以說那個牧者給那些差派她到那兒去的神職人員佔了便宜；而那些堂區領袖不單暗中損害她的牧會能力，更試圖找她作代罪羔羊，為將來的失敗負責。正如耶穌一樣，牧者是最給上帝佔便宜的，因為她所信靠的上帝，就是讓她活在絕望處境的時候仍然忠心不二的屬靈資源。然而，她亦像耶穌一樣，並沒有把這種情況看為吃虧，事實上，她對上帝的絕對忠誠表明了她正好扮演著上帝的愚者，不多也不少，為此她感到快樂。常被人稱呼為上帝絕頂傻瓜的聖法蘭西斯，也普遍被認為是上帝聖者中最快樂的一位。[12]

假如「簡單」的愚者能夠把問題看得簡單一點，以此來支持易構的話，那麼，「忠誠」的愚者則拒絕以常理來逃避絕境來支持易構。常理說：「請與絕境保持距離，不然你會給拖垮。」「忠誠」的愚者質疑這種常理，寧願如實地看待該處境：這是絕境，但不表示沒有歡笑可言。那位李爾王的愚忠者展示了一種毫無道理的忠誠來易構了處境。不能從絕境中抽身出來往往被看為愚蠢人的特徵，但是從他們的忠誠中，我們可以從另一個角度去審視這種關係。對於他們來說，重點不在於我們有否識別當中的絕境，而是在於我們有否判別忠誠與無賴作風的分別。愚者除了表達其愚忠外，絕不會「天色一變就告別，獨留你在暴雨中」。

先知的愚拙：支持弔詭

假如前兩種愚拙的層面——簡單和忠誠——把愚者描繪為一個感情豐富的人物的話，那麼第三個層面——先知——卻是要描繪一個更為積極、適應力更強、更好挑戰，甚至更具野心的愚者。正如坎貝爾所指出的：「愚拙的先知性層面，經年來都一直挑戰著那些在社會中既定的習俗與權威。」[13]愚拙與先知扯上了，因為它「與日常的『常理』假設格格不入：它與地上權勢打對臺，宣布上帝的審判。因此，它常遭到誤解、嘲弄，或忽略」。[14]

不少希伯來先知都被當作瘋癲傻瓜看待：以賽亞赤身露體三年，為要向百姓發出警告，那從埃及和古實而來的羞辱和擄掠已經迫在眉睫；何西阿與妓女結婚，並且給兒女起了不吉祥的名字；耶利米背負著重軛來回行走。無怪乎何西阿給指摘為瘋癲傻瓜，而耶利米則被當作瘋人一般困鎖起來。[15] 至於耶穌的先知性行動——例如把那些兌換銀錢的人趕出聖殿——也同樣激怒了羣眾，認為祂也是瘋癲傻瓜一個。

愚拙是先知的一種有效形式，因為它容許我們看清自己，以免褒揚了一些犯錯纍纍的人類處境，這種榮譽是它們所**不**配得的。另一方面，坎貝爾也提醒我們，不要誤把一切的愚拙都當作先知般看待：「戲謔胡鬧、插科打諢、嘲諷挖苦等經常對人類價值表現得無情和惡意，實為保護作惡者拒絕與其他人建立任何真誠關係的武器。」[16]

先知式愚者行事弔詭，他們把事情倒轉來看，因而顛覆了當前不少常理假設。耶穌藉著弔詭顛倒了既定的宗教價值，認為那位謙遜的稅吏較諸那個嚴守律法的法利賽人更為正直；那位撒瑪利亞人較諸那兩個祭司和利未人更具憐憫之心。坎貝爾認為，弔詭言語是耶穌這位具備先知性特質的教師的主要教學媒介。祂是一位大智若愚者，而不僅僅為一個普通傻瓜，全因祂有意識地採用弔詭，是精心設計的，並沒有絲毫幸運成分。

大智若愚者的形像本身便是弔詭——**智慧**與**愚拙**疊在一起。負傷治療者的模型也屬弔詭一類，把**負傷**和**治療**交織起來，特別是它看重軟弱與脆弱的能力。然而，坎貝爾覺得在大智若愚者身上找到更多的弔詭。[17] 大智若愚者展示著人生每個層面的弔詭，不單在於軟弱的能力，也在於從失敗處衍生而來的成功，從步步為營所引至的危險，從答案中所隱伏的問題，從問題中所暗藏的答案，或是樂極生悲，悲極生喜等等。對於大智若愚者來說，鴕鳥的比喻就是生命本身的一首詩章。在光榮與愚昧中，鴕鳥象徵著大智若愚者所認識和理解的生存光景：我們的生命並非不可理喻、深不可測，而是骨子裏本是弔詭。在耶穌芸芸比喻中，無知財主的故事最能表達這種生活觀點。當他不用再為錢財奔波的時候，他卻發現自己的生命危在旦夕，活不到明天。(路十二16～20) 這便是弔詭，並不複雜，是真實的，生命本是如此。然而，那位無知財主看不到當中的弔詭，而那位大智若愚者——說故事者——卻看出這點，可能由於祂明白到祂即將面對類似的命運，就在祂意想不到之時，需要奉上自己的生命。大智若愚者就是一位能夠看透自己生命弔詭的人，正如他在別人生命當中看到弔詭一樣。

是甚麼令先知如此弔詭？先知式最深刻的弔詭恰恰如此：先知聲稱替上帝發言，但卻不明白當中的意思。上帝的先知同時也是上帝的愚者，因為他並不能確定自己所說的一切。以約拿為例，作為一位先知，他知道上帝可以藉著讓他食言來作弄他。上帝也真的如此作了。約拿預言說：「再等四十日，尼尼微必傾覆了！」(拿三4) 四十天過去了，尼尼微城一如過往，屹立在前。約拿清楚上帝的作為，看出自己不過是上帝的一枚棋子：「耶和華啊，我在本國的時候豈不是這樣說嗎？我知道祢是有恩典、有憐憫的上帝，不輕易發怒，有豐盛的慈愛，並且後悔不降所說的災，所以我急速逃往他施去。」(拿四2) 不像某些自圓其說的先知，他們不欲參與上帝的把戲，因而拒絕說出虛假的預言。但約拿卻在犯傻，他為上帝說出一些被證實為完全錯誤的事情，令他在眾人眼中看似一個大傻瓜。為上帝代言就是要日復日地冒險。我們所說關於上帝的事情，特別是祂為世界所訂的心意，將會被證實為完全錯誤，叫我們無地自容。

我們當然可以這樣辯說，約拿的預言落空只因尼尼微城裏的人在聽過他所說的話後，為自己的惡行悔改。這樣看來，雖然他的預言的確落空了，但卻由於他的警告受到重視，獲得了預期效果，因而得以辯白。當這樣的觀點對我們部分人來說行得通的時候，約拿卻不以為然，他丁點兒也不覺得他的說話曾對尼尼微城裏的人造成甚麼影響。一方面，他認為尼尼微城裏的人或在虛偽地、鄙視地玩著悔改的遊戲；另一方面，就著他的專業正義感來說，約拿認為正確無誤較帶來果效更為重要，尤其在這種模稜兩可的處境中。如果他一心只想著果效——獲取成功——他可能早已成為一個把預言含糊地自圓其說的先知了。然而，他卻非常看重事情的正確無誤。他所說關於上帝的事情，都是千真萬確的。

但是上帝沒有容讓他因為說及上帝的真理而心滿意足。相反地，約拿是上帝的愚者。他的處境讓他別無選擇，只能為上帝代言，但卻全然不曉得自己在說甚麼。他曾採用過以對方為本位的進路，保證尼尼微城裏的人，只要他們悔改，上帝定會寬容他們。然而，他卻不能保證上帝必定如此。上帝可以是滿有恩典和憐憫，但祂也可以是極為嚴厲的。尼尼微城裏的人在最後一刻那些或許帶點做作成分的回轉行動，令約拿不太感受到上帝的嚴厲。畢竟，上帝並非時刻裝假，也有為著愚者不受作弄的時候。

約拿的困境是他要為一位本質上弔詭的上帝發言：滿有恩典和嚴厲苛刻、充滿慈愛和要求過分。我們怎能替一位弔詭的上帝說話？

我們說「一笑置之」並不表示我們對上帝無禮，只是假如上帝不是一個弔詭，祂的先知們大可怒氣沖沖。然而上帝是一個弔詭，因此，祂的先知們不能沒有「一笑置之」的態度去說話和生活。約拿的故事在無數世代以來成為一時佳話，它講述一個膽小先知逃避其先知職分，是整部聖經中最為詼諧惹笑的故事，説明了坎貝爾認為預言時刻令人發笑的觀點。當我們傾向以為先知都必須怒髮衝冠、語態威嚴地説話的時候，約拿的故事卻提及預言同樣被笑聲所過濾。約拿當然不認為尼尼微事件有甚麼值得令人歡笑的地方。他作為上帝的愚者，是上帝的一個憤怒先知——嬲怒到求死。(拿四3) 然而，如果他能夠活像觀眾一樣，看到自己在沙漠中央的一棵大樹下發脾氣，或許他也會笑出聲來。縱然他的處境毫無出路，但卻並非如自己所曾認為的那麼糟糕。

假如他能夠注意到當中的幽默之處，或會因著這種經驗成為一個與別不同的先知：不是一個怒氣填胸的先知，而是一位開懷大笑的先知。坎貝爾問道：假如在天堂裏有歡笑聲，我們的先知式見證是否需要在世上鼓動歡笑，並且以學習自嘲來作為開始呢？「容易讓人親近、常拿自己開玩笑好叫別人感到自在的人，能給別人帶來最為簡單的禮物——歡笑的釋放大能。」[18]

容易讓人親近和歡笑的釋放大能，對於易構藝術來説是很重要的，不然，這種技巧只會淪為一種操縱和嘲弄那些我們本欲幫助的人的武器，而那些用上它的人亦變得毫無人性。易構法不適用於憤怒的先知，而是為著那些認識歡笑的釋放大能的先知而設的。易構法適用於那些具備智慧，清楚知道即使沒有他們協助，上帝仍能把萬事辦妥的先知；同時也適用於那些愚昧到相信上帝不能就某事情獨力承擔的先知。正如詩人里爾克 (Rainer Maria Rilke；譯按：奧地利詩人，1875～1926) 以約伯般的恫嚇口吻説道：[19]

祢會作甚麼，上帝，當我死時？
當我，祢的水罐，破爛了，給丟到土裏？

當我，祢的水泉，變壞了或乾涸了？
我是祢的至愛，祢時刻隨著我，
祢失去了意義，如祢失去了我。
少了我祢無家可歸，祢將會
失去了歡愉、溫暖和甜蜜。
我是祢的涼鞋：祢那疲憊的雙腳
將會光著四處流蕩，為求找著我。
祢會作甚麼，上帝？我很害怕。

因此，大智若愚者擁抱簡單而不是簡化，忠誠而不是烏托邦主義，以及樂天的先知式言論，這種言論本於對上帝弔詭作為的健康的感謝和尊重。大智若愚者或許不及牧羊人般來得不可或缺，或不如負傷治療者般心思縝密，但他們不會從真理面前退縮，不會天色一變就告別，並且對人類(和神聖)生命有敏銳的觸覺。藉著這一切，他們看到日常生活中神蹟的巨大潛能，不會恥於採用如易構法這樣的技巧，去幫助神蹟出現，那怕只有多出一點點，總較任憑機率產生為佳。那麼，當大智若愚者已然去到一處沒有哭泣——除了我們所說的那種不能自制的歡笑聲——的地方，抱持上帝將會把這個世界變成地獄的想法時，我們大概也能原諒他們吧。不是嗎？

註釋

1. Alastair V. Campbell, *Rediscovering Pastoral Care* (Philadelphia: Westminster Press, 1981)
2. Seward Hiltner, *The Christian Shepherd* (Nashville: Abingdon, 1959); Hiltner, *Preface to Pastoral Theology* (Nashville: Abingdon, 1958).

3. Henri Nouwen, *The Wounded Healer* (Garden City, N.Y.: Doubleday, 1972).
4. Heije Faber, *Pastoral Care in the Modern Hospital* (Philadelphia: Fortress Press, 1984), pp.70～81.
5. Donald Capps, *Pastoral Care and Hermeneutics* (Philadelphia: Fortress, 1984), pp.70～81。修訂模式是這本書所提及三種牧養關顧模式的其中一種，另外兩種分別是處境模式和經驗模式，前者關聯牧羊人的形像，而後者則與負傷治療者的形像相關。
6. Campbell, *Rediscovering Pastoral Care*, p.55.
7. Campbell, *Rediscovering Pastoral Care*, pp.55～56.
8. Campbell, *Rediscovering Pastoral Care*, pp.58～59.
9. Campbell, *Rediscovering Pastoral Care*, p.60.
10. Campbell, *Rediscovering Pastoral Care*, p.62.
11. Paul Watzlawick, John Weakland, and Richard Fisch, *Change: Principles of Problem Formation and Problem Resolution* (New York: W. W. Norton, 1974), p.55.
12. Julien Green, *God's Fool: The Life and Times of Francis of Assisi*. Trans. Peter Heinegg (San Francisco: Harper and Row, 1983).
13. Campbell, *Rediscovering Pastoral Care*, p.62.
14. Campbell, *Rediscovering Pastoral Care*, p.64.
15. Campbell, *Rediscovering Pastoral Care*, pp.63～64.
16. Campbell, *Rediscovering Pastoral Care*, p.65.
17. Campbell, *Rediscovering Pastoral Care*, p.50.
18. Campbell, *Rediscovering Pastoral Care*, p.71.
19. Rainer Maria Rilke, *Poems from the Book of Hours*. Trans. Babette Deutsch (New York: New Directions Publishing Corporation, 1941), p.31.

經文索引

舊約

人名索引

P

R

S

W

Z

主題索引

八劃

九劃

十劃

十一劃

十二劃

十三劃

十四劃

十八劃

二十一劃

二十四劃